城市轨道交通实训系列教材

城市轨道交通
电客车检修实训指导书

周慧红　邓永果　◎　编

西南交通大学出版社
·成都·

图书在版编目（CIP）数据

城市轨道交通电客车检修实训指导书 / 周慧红，邓永果编. —成都：西南交通大学出版社，2020.11
城市轨道交通实训系列教材
ISBN 978-7-5643-7693-2

Ⅰ. ①城… Ⅱ. ①周… ②邓… Ⅲ. ①城市铁路－轨道交通－电车－车辆检修－高等职业教育－教材 Ⅳ. ①U266.2

中国版本图书馆 CIP 数据核字（2020）第 187897 号

城市轨道交通实训系列教材
Chengshi Guidao Jiaotong Diankeche Jianxiu Shixun Zhidao Shu
城市轨道交通电客车检修实训指导书

周慧红　邓永果 / 编	责任编辑 / 张少华
	封面设计 / 吴　兵

西南交通大学出版社出版发行
（四川省成都市金牛区二环路北一段 111 号西南交通大学创新大厦 21 楼　610031）
发行部电话：028-87600564　028-87600533
网址：http://www.xnjdcbs.com
印刷：四川森林印务有限责任公司

成品尺寸　185 mm × 260 mm
印张　10.75　　字数　257 千
版次　2020 年 11 月第 1 版　　印次　2020 年 11 月第 1 次

书号　ISBN 978-7-5643-7693-2
定价　27.00 元

课件咨询电话：028-81435775
图书如有印装质量问题　本社负责退换
版权所有　盗版必究　举报电话：028-87600562

城市轨道交通实训系列教材编审委员会

主　任　沈卫平

副主任　饶　咏

委　员　孙景冬　马　驷　徐安雄
　　　　　丁　超　陈　辉　谢　斌
　　　　　冉　洪　陈　东　陈光富
　　　　　张　燕　周慧红　邓永果

FOREWORD

序 言

2019年9月，习近平总书记在考察轨道交通大兴机场线时指出，城市轨道交通是现代大城市交通的发展方向，发展轨道交通是解决大城市病的有效途径。近年来，我国城市轨道交通快速发展，在方便民众出行、缓解交通拥堵、减少空气污染等方面发挥了重要作用。成都作为国家级中心城市和新一线城市，在"轨道交通引领城市发展格局""公园城市示范区""成渝双城记"发展战略的引领下，大力实施轨道交通加速成网计划，成都地铁已迈入大线网运营新时代。

作为城市发展的重要基础设施，城市轨道交通的运营、管理与城市的正常运行、市民日常生活及社会经济的稳定发展息息相关。作为公共运输服务的供给者，城市轨道交通具有高时效性和安全性的显著特点，需要一支与其发展规模和管理要求相适应的运营管理队伍参与高质量运行保障。实践教学是人才培养培训体系的重要组成部分，是将理论转变为实践能力的桥梁，是提升从业人员技能水平的重要手段。因此，训战结合，强化实践教学已成为城市轨道交通人才培养培训的重要理念和共识。

成都轨道交通集团有限公司结合多年规划、建设及运营管理经验，以成都地铁为背景规划建设了满足轨道交通运营管理、通信信号、供电、车辆、机电等多专业教育教学需求的实训中心。中心基于城轨典型车站、线路、车辆段构建的虚实结合仿真平台，可有效开展单一岗位及多岗位联动实训，有效解决了真实场景不能动、不敢动、不好动的实践教学困境，提升了实训教学效果。成都轨道集团下属轨道交通学院基于上述实训平台并结合中国城市轨道交通协会及成都地铁运营有限公司发布的城轨相关专业（岗位）的知识及技能标准，编写完成了站务、行车调度、司机（电客车、司机）、车辆检修、供电等岗位的实训系列教材，基于城市轨道交通重难点及知识要求设计了 80 个典型实训项目，以项目开设为主线，结合项目难度及需要补充阐述的理论知识点，帮助读者在完成实训项目的同时，加深对相关理论的学习和掌握。编者为每个实训项目制定了细化的评分标准，便于指导和考核。本系列教材以成都地铁设施设备为背景，可以帮助读者更全面、深入地了解成都地铁。同时，本系列教材注重理实一体，适合读者学习重点理论知识和典型设施设备，具有一定的通用性。

　　由于水平、能力有限，本系列教材还有诸多不足之处，恳请各位读者、同行不吝指正，我们将在后续的实践、教学中不断丰富和完善。

成都轨道交通集团有限公司
2020 年 10 月

前言

近年来，随着我国城市轨道交通行业的快速发展，城市轨道交通运营企业及相关制造企业对城轨车辆专业高技能人才的需求量快速增长。编者充分结合成都地铁运营有限公司制定的车辆运用与检修工知识、技能标准及中国城市轨道交通协会发布的职业技能标准，参考职业院校相关专业人才培养方案及课程标准编写了本书。

本书以成都地铁电客车主要设备为背景，以城市轨道交通电客车实际检修作业为主要内容，基于"认知—检查—维修"的思路进行编写。全书包含电客车主要设备实训项目11个，并根据各项目实际情况，设计了31个实训任务，涵盖电客车主要设备认知、检查以及维修等内容。

本书主要涉及"城市轨道交通车辆构造""城市轨道交通车辆检修"，及少量"城市轨道交通电力牵引与控制""城市轨道交通车辆电气控制系统""城市轨道交通车辆制动系统"等课程的相关知识，读者在使用本书时可根据需要参考上述课程的相关内容。

本书的编写得到了成都地铁运营有限公司的大力支持和帮助，也得到了成都轨道交通学院（筹）教学中心领导及同事的支持和帮助，在此向他们表示衷心的感谢。本书可作为职业院校城市轨道交通车辆相关专业教材，也可作为城市轨道交通车辆技术管理、乘务及相关专业人员的培训用书。

由于编者水平有限，时间仓促，书中难免有疏漏和不妥之处，敬请读者批评指正。

编 者

2020年5月

目 录

实训一 牵引系统检修

　　一、实训目的 ·· 1
　　二、实训原理 ·· 1
　　三、实训准备 ·· 1
　　四、实训步骤 ·· 3
　　五、实训验收 ··· 14
　　六、思考题 ·· 16

实训二 基础制动单元检修

　　一、实训目的 ··· 17
　　二、实训原理 ··· 17
　　三、实训准备 ··· 18
　　四、实训步骤 ··· 19
　　五、实训验收 ··· 25
　　六、思考题 ·· 27

实训三 乘客信息系统（PIS）检修

　　一、实训目的 ··· 28
　　二、实训原理 ··· 28
　　三、实训准备 ··· 28
　　四、实训步骤 ··· 30
　　五、实训验收 ··· 41
　　六、思考题 ·· 43

实训四 贯通道检修

　　一、实训目的 …………………………………………………………… 44
　　二、实训原理 …………………………………………………………… 44
　　三、实训准备 …………………………………………………………… 45
　　四、实训步骤 …………………………………………………………… 45
　　五、实训验收 …………………………………………………………… 55
　　六、思考题 ……………………………………………………………… 56

实训五 制动控制装置检修

　　一、实训目的 …………………………………………………………… 57
　　二、实训原理 …………………………………………………………… 57
　　三、实训准备 …………………………………………………………… 57
　　四、实训步骤 …………………………………………………………… 59
　　五、实训验收 …………………………………………………………… 64
　　六、思考题 ……………………………………………………………… 66

实训六 受电弓检修

　　一、实训目的 …………………………………………………………… 67
　　二、实训原理 …………………………………………………………… 67
　　三、实训准备 …………………………………………………………… 69
　　四、实训步骤 …………………………………………………………… 69
　　五、实训验收 …………………………………………………………… 79
　　六、思考题 ……………………………………………………………… 82

实训七 空调系统检修

　　一、实训目的 …………………………………………………………… 83
　　二、实训原理 …………………………………………………………… 83
　　三、实训准备 …………………………………………………………… 85
　　四、实训步骤 …………………………………………………………… 86
　　五、实训验收 …………………………………………………………… 92
　　六、思考题 ……………………………………………………………… 94

实训八　车钩检修

　　一、实训目的 ··· 95
　　二、实训原理 ··· 95
　　三、实训准备 ··· 95
　　四、实训步骤 ··· 96
　　五、实训验收 ·· 103
　　六、思考题 ·· 105

实训九　辅助电源系统检修

　　一、实训目的 ·· 106
　　二、实训原理 ·· 106
　　三、实训准备 ·· 107
　　四、实训步骤 ·· 107
　　五、实训验收 ·· 115
　　六、思考题 ·· 116

实训十　车门系统检修

　　一、实训目的 ·· 117
　　二、实训原理 ·· 117
　　三、实训准备 ·· 118
　　四、实训步骤 ·· 118
　　五、实训验收 ·· 134
　　六、思考题 ·· 136

实训十一　风源及供风系统检修

　　一、实训目的 ·· 137
　　二、实训原理 ·· 137
　　三、实训准备 ·· 137
　　三、实训步骤 ·· 139
　　五、实训验收 ·· 156
　　六、思考题 ·· 158

参考文献 ··· 159

实训一 牵引系统检修

扫一扫获取
本实训彩图

一、实训目的

(1) 熟悉牵引系统变频调速系统 (VVVF) 的基本原理。
(2) 熟悉牵引系统 VVVF 的结构及各硬件设备。
(3) 熟悉并掌握牵引系统 VVVF 的检修作业流程。
(4) 了解牵引系统 VVVF 常见故障类型及故障处理方法。
(5) 继电器 (SD-N21) 的检查及更换流程。
(6) 掌握常用工器具 (手电筒、钢板尺、抹布、一/十字螺丝刀、画线笔、兆欧表、DC 110 V 可调电源) 的使用方法。

二、实训原理

本次实训的牵引逆变器冷却方式为自然风冷,质量约为 1 050 kg。牵引变流器是城轨车辆牵引系统的核心单元,牵引变流主电路采用两点式电压型直-交逆变电路(见图1-1)。当车辆处于牵引工况时,直流供电电压经过充电接触器、电抗器等高压电器进入逆变器,经逆变器输出三相变频变压的交流电,为异步牵引电动机供电;当车辆处于电制动工况时,逆变器将异步牵引电动机输出的三相交流电压整定成直流电压通过受电弓回馈到接触网(再生制动),或通过制动断路器由制动电阻消耗掉(电阻制动)。电阻制动环节及三相逆变器的开关管均为绝缘栅双极型晶体管(IGBT)元件。牵引变流器单元主要由逆变器控制装置即传动控制单元(DCU)、储能电容、电流电压传感器、逆变单元、制动单元、制动电阻、线路电抗器、保护回路等组成。

三、实训准备

(一) 健康状况及知识要求

(1) 实训人员的身体状况、精神状态良好。
(2) 实训人员必须具备必要的车辆构造、检修相关知识。
(3) 实训人员必须具备使用车辆检修常用工器具的相关知识。

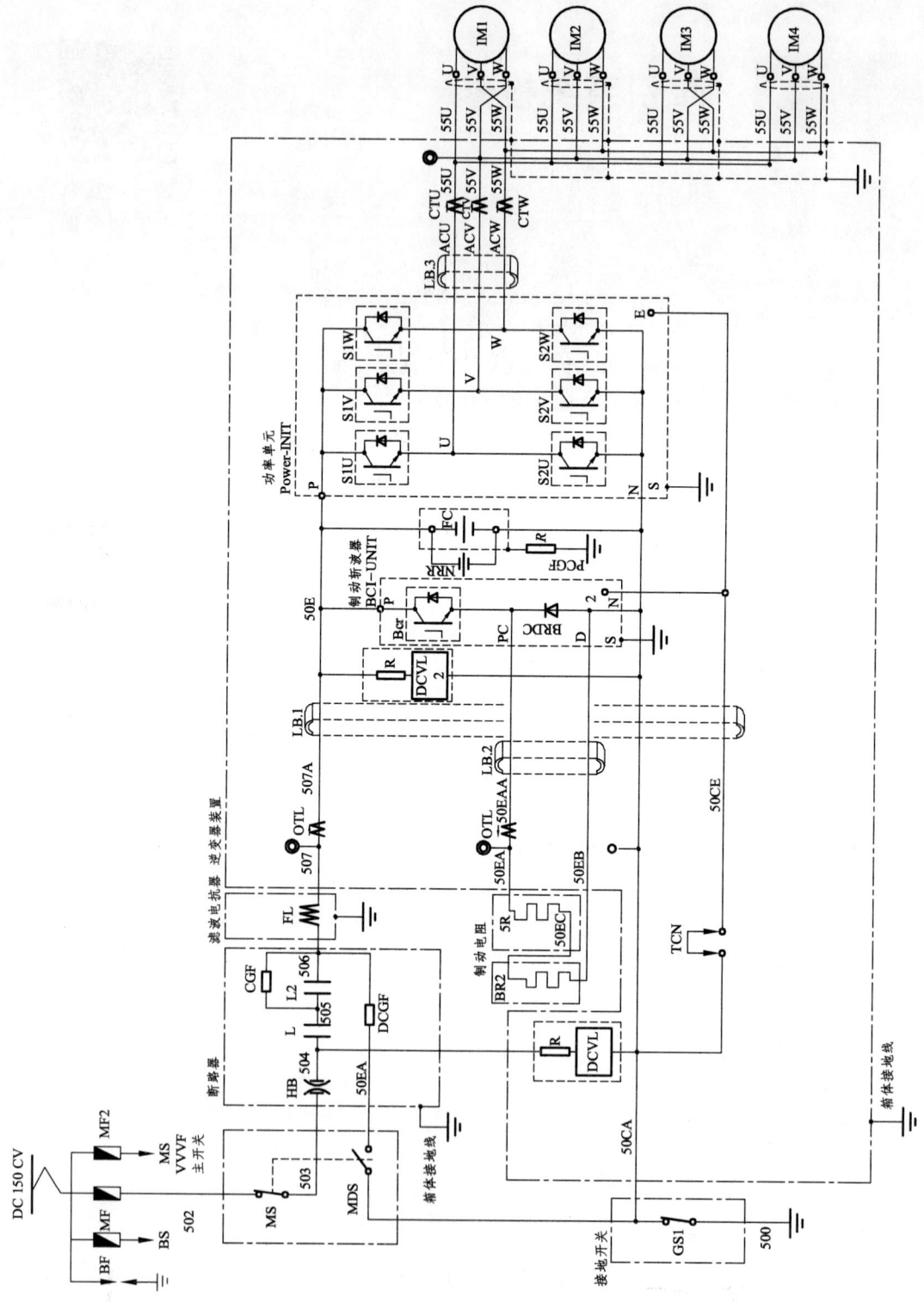

图 1-1　VVVF 原理图

（二）安全要求

（1）实训人员按照实训室要求穿戴工作服、护趾鞋、安全帽等劳保用品。

（2）实训前必须开启实训室照明设备，保障实训时有足够亮度。

（3）实训时不允许穿凉鞋、拖鞋、裙子、短裤，长发必须按要求束发。

（4）实训人员必须待在安全区，未经现场实训老师同意不得进入设备区触摸或操作任何设备。

（5）实训期间，必须2人以上组成作业小组后方能进行检修作业。

（三）实训设备

实训设备是VVVF培训平台。该平台主要用于城轨电客车的培训，可通过实物和课件等方式对学员进行VVVF的结构、功能认知学习。能让学员清楚了解该设备每个部分结构功能，加深学员对VVVF的认识，并能快速掌握检修技能，提高检修水平，为车辆的安全运营提供保障。

（四）工器具

（1）画线笔、手电筒、钢板尺、抹布、一/十字螺丝刀各两套。

（2）兆欧表、DC 110 V可调电源。

（五）实训时长及人数

（1）实训时长：6课时（分3次，每次2课时）。

（2）每次实训容纳人数：10人左右。

四、实训步骤

（一）认识牵引系统

1. 箱 体

牵引逆变器箱体通过螺栓连接固定在车底（见图1-2）。

图1-2 牵引逆变器箱体

2. VVVF 控制放大器（AMP）

VVVF 控制放大器（见图 1-3）是控制逆变器的单元。控制单元是由安装有 3 个信息处理器、外部传感器接口、光电转换电路以及接点输入信号接口的控制基板构成。更新软件时，不需要插拔插件，可使用计算机连接单板处理器进行。

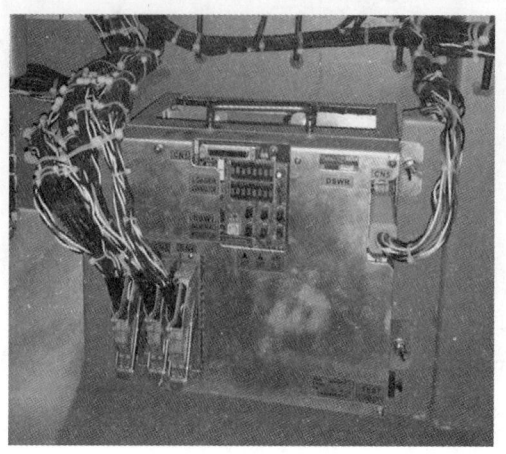

图 1-3　控制放大器

3. 功率单元（POWER-UNIT）

功率单元（POWER-UNIT）（见图 1-4）由热管冷却部、门级驱动基板构成。1 台功率单元上安装有 6 个 IGBT 元件，控制 4 个牵引电机。

（1）热管冷却部：组装有 IGBT 元件，通过埋设于可拆卸底盘内的热管，将产生的热量高速传递至车辆侧散热片，以散热至箱外达到冷却的目的。

（2）门级驱动基板：牵引逆变器的每一相（2 个 IGBT 元件）由一枚基板构成，控制单元发出的门级驱动信号由电路板（OE18）来接收转换成光信号，然后在电路板（GA112P）中变换为光→电气信号传输给 IGBT 门级。此外，在电路板（GA112P）产生并输出将门级的动作状态反馈给控制单元的信号。

4. 制动断路器单元（BCH-UNIT）

制动断路器单元（BCH-UNIT）（见图 1-4）由热管冷却部、门级驱动基板构成。

图 1-4　功率单元和制动断路器单元

5. 电压检测单元（DCPT-UNIT）

电压检测单元（见图1-5）内置有检测接触网电压、滤波电容器电压的无电源型电压检测电路。

图1-5　电压检测单元

6. 数字接口单元（I/F-UT）

数字接口单元（见图1-6）与控制单元一样，IFB103融合为1台。数字接口单元将脉冲宽度调制（PWM）输入/输出信号接口作为主要功能，接收的信号用于控制单元之间的传输线路，通过连续传送进行信息传递。此外，POWER-UNIT的温度传感器的输入也连接到这个单元。

图1-6　数字接口单元

7. 电流检测单元（CT-UNIT）

电流检测单元（见图1-7）包含1台用于检测接触网电流（IL）的检测器（CTL）和用于检测流向制动电阻的电流（IB）的检测器（CTB）和1台配置有用于检测三相电机电流（IU，IV，IW）的检测器（CTU，CTV，CTW）。

8. 直流滤波电容器（FC）

每台逆变器上安装有2台直流滤波电容器（见图1-8）。伴随着逆变器工作所产生的高谐波电流，在控制其流向接触网的同时，发挥逆变器直流稳定化电源的作用。

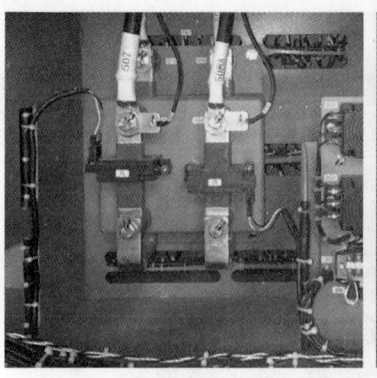

图 1-7　电流检测单元

图 1-8　直流滤波电容器

9. VVVF 继电器

VVVF 继电器（见图 1-9）不采用单元结构，直接安装于 VVVF 控制装置内，提高了保养和检查的作业效率。配置有支配控制电路的有接点程序的各种继电器以及用于接通高速断路器的电磁接触器用继电器等。

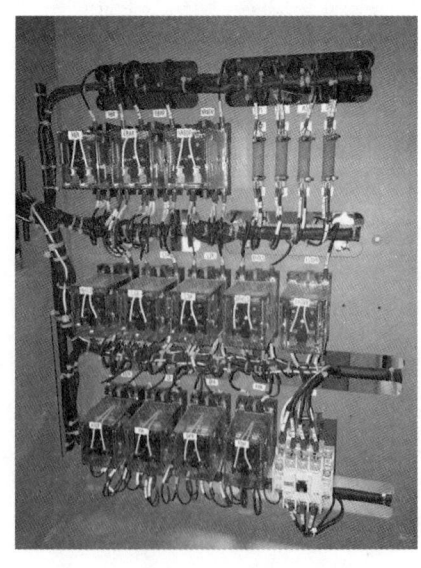

图 1-9　继电器

10. 转换开关单元（SW-UNIT）

转换开关单元（见图1-10）配置有控制电路开放器（CCOS）和VVVF试验器用连接器（TSCN）。

（1）控制电路开放器（CCOS）。

"切断（耐压）"位置：绝缘电阻试验、耐压试验及其VVVF开放用。

"正常"位置：通常走行。

"试验器"：VVVF控制装置功能确认试验用。

关于控制电源、控制指令线路，能够在单元开路时断开，并经过控制电路开放器（CCOS）进行输入。

（2）VVVF试验器用连接器（TSCN）。

VVVF试验器用连接器在正常时应安装防尘盖。

图1-10　转换开关单元

11. 耐压试验用连接器（TCN）

耐压试验用连接器在测定主电路绝缘电阻以及主电路耐压试验时工作，其作用是使在主电路上不施加电压的部位相互短路（见图1-11）。

图1-11　耐压试验用连接器

（二）牵引系统检修作业

1. VVVF 牵引逆变器箱体

（1）目视检查安装螺钉紧固良好，吊挂螺栓无松动，防松线清晰无错位，开口销状态良好，箱体无变形、无损伤，箱盖锁闭状态良好（见图1-12）。

图 1-12　牵引逆变器箱

（2）目视检查密封橡胶压痕均匀、明晰，弹性良好（变形量在 3 mm 以下），箱体密封件密封良好（见图 1-13）。

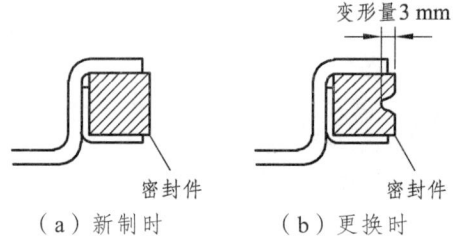

图 1-13　密封橡胶

（3）目视检查箱内，无异常、无污渍、无积尘，若发现污渍、积尘则清洁。

（4）目视检查箱内配线无老化、无损伤，手摸确认紧固件无松动，用手轻摇确认各连接器锁闭状态良好，端子部位无异常、端子螺钉紧固良好，端子台、电线贯穿紧固件无异常。

2. VVVF 控制放大器

如图 1-14 所示，拆分连接器，分别检查插头插座的针脚状态，要求无松动、无变形、无腐蚀。将控制放大器面板上各连接器拆开，拆卸时注意连接器的卡槽与固定螺栓，目视检查各安装紧固件状态良好；恢复时应缓慢，保证插头对齐插座，防止在安装时扎针被碰伤。

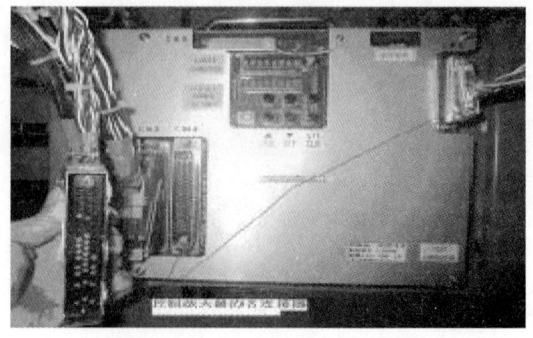

图 1-14　控制放大器

3. 功率单元（POWER-UNIT）、BCH 单元（BCH-UNIT）

（1）目视检查功率单元、BCH 单元，清理堵塞物，用清水冲洗脏污，并用风枪吹扫，要求外观无变形、无变色、无破损，热管无变形、无污渍、无堵塞。

（2）目视检查电路板以及电路板上的电容、电阻、二极管外观，要求电路板可视部分无烧蚀、无变形、无变色、无破损（见图 1-15）。

图 1-15　电路板

（3）目视检查内部配线，要求电线及端子无变形、无变色、无破损。

4. 电压检测单元（DCPT-UNIT）

（1）目视检查电压检测单元外观无变形、无变色、无破损（见图 1-16）。

图 1-16　电压检测单元

5. 数字接口单元（IF-UT）

目视检查数字接口单元电路板以及电路板上的电容、电阻、二极管等元件外观无变形、无变色、无破损（见图 1-17）。

图 1-17 数字接口单元

6. 电流检测单元

目视检查电流检测单元外观无变形、无变色、无破损（见图 1-18）。

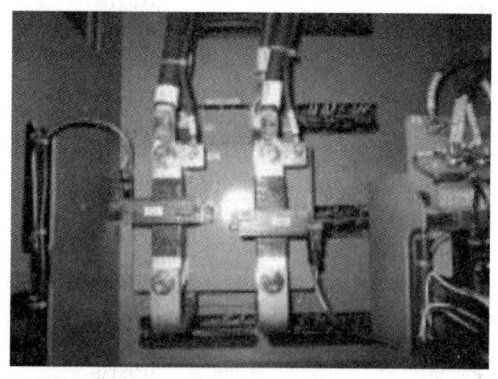

图 1-18 电流检测单元

7. 直流滤波电容器（FC）

目视检查直流滤波电容器，要求无漏液、端子和箱体无损伤、无变形，端子和安装螺钉紧固良好，无腐蚀（见图 1-19）。如要触摸电容器检查接线状态，需要使用万用表确认电容已放电。

图 1-19 直流滤波电容器

8. VVVF 内部继电器

目视检查 VVVF 内部继电器，要求外观无变形、无变色、无破损，透明外罩无变色（见图 1-20）。

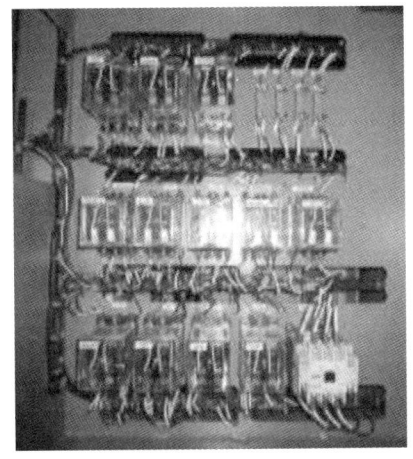

图 1-20　内部继电器

9. SW-UNIT 转换开关单元

（1）目视检查转换开关单元，要求外观无变形、无变色、无破损。

（2）目视检查安装螺钉紧固良好。

（3）操作 CCOS 模式开关，要求操作过程无卡滞、有切换触感。

（4）目视检查连接器 TSCN，要求接触状态良好，针脚无变形、无松动、无腐蚀。

10. 耐压试验用连接器（TCN）

目视检查耐压试验用连接器，要求外观无变形、无变色、无破损。

11. 检修记录表

作业完成后填写表 1-1 所示的检修记录，要求在"检查情况"栏打"√"或"×"（"√"表示检查无异常，"×"表示检查发现故障）。

表 1-1　检修作业记录

步骤	VVVF 牵引逆变器	检查项目及要求	检查情况
1	箱体	安装螺钉紧固良好，吊挂螺栓无松动，开口锁状态良好，无变形、无损伤，箱盖锁闭状态良好	
		箱体密封件状态良好	
	箱内	箱内外观无异常、无污渍、无积尘	
		箱内配线无老化、无损伤，端子部位无异常、端子螺钉紧固良好，端子台、电线贯穿紧固件无异常，连接器安装良好	
2	VVVF 控制放大器	连接器针脚无松动、无变形、无腐蚀	
		端子、安装螺钉紧固状态良好	

续表

步骤	VVVF 牵引逆变器	检查项目及要求	检查情况
3	功率单元（POWER-UNIT）	外观无变形、无变色、无破损，热管无变形、无污渍、无堵塞	
		电路板可视部分无变形、无变色、无破损	
		内部配线：电线及端子无变形、无变色、无破损；光缆无损坏	
	BCH 单元（BCH-UNIT）	外观无变形、无变色、无破损，热管无变形、无污渍、无堵塞	
		电路板无变形、无变色、无破损	
		内部配线：电线及端子无变形、无变色、无破损；光缆无损坏	
4	电压检测单元（DCPT-UNIT）	电压检测单元外观无变形、无变色、无破损	
5	数字接口单元（IF-UT）	数字接口单元外观无变形、无变色、无破损	
6	电流检测单元	电流检测单元外观无变形、无变色、无破损	
7	直流滤波电容器（FC）	无漏液，端子和箱体无损伤、无变形	
		端子和安装螺钉紧固良好，无腐蚀	
8	继电器	继电器外观无变形、无变色、无破损，外罩无变色	
		连接器接触状态良好，针脚无变形、无松动、无腐蚀	
		继电器接点部无变形、无变色、无破损	
		动作确认：工作正常，电阻值和工作电压符合规定	
9	SW-UNIT 转换开关单元	外观无变形、无变色、无破损	
		安装螺钉紧固良好	
		CCOS 模式开关操作过程无卡滞、有切换触感	
		连接器 TSCN 接触状态良好，针脚无变形、无松动、无腐蚀	
10	耐压试验用连接器（TCN）	外观无变形、无变色、无破损	

（三）牵引系统继电器故障处理

应在接触网电压为 0 V、MS "断开"、控制电源 "断开" 的状态下进行操作。应在 FC 端子电压为 0 V 的状态下进行作业。否则，有触电的危险。

继电器 SD-N21 异常会导致频繁发生 VVVF 严重故障，此时需要对继电器检查，判断继电器是否良好。

1. 拆卸继电器 SD-N21

（1）在 VVVF 的控制电源接通的状态下，确认在控制放大器画面中 FC 电压"VC"为 0 V。（确认后，关闭控制电源）

（2）打开 VVVF 逆变器装置的车辆中心侧的检查罩。

（3）使用验电棒或兆欧表等，确认滤波电容器的电荷已放尽。

（4）观察继电器外观，确认有无异常。

（5）确认控制配线的安装状态有无异常（螺钉松动等）。

（6）从外观发现异常或损坏等时，需要更换继电器。

（7）拆下继电器（SD-N21，如图 1-21 所示）上所连接的所有控制配线。

（8）拆下继电器（SD-N21）固定螺钉（M4×2 颗）。

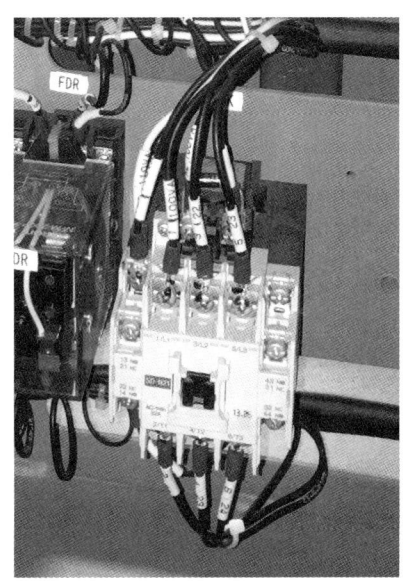

图 1-21　继电器

2. 检查继电器

（1）确认继电器线圈的吸引电压和释放电压。

在继电器 SD-N21 端子（A1）上连接"+"极，在端子（A2）上连接"-"极，以接通直流电压。使电压逐渐上升，在 DC 77 V 以下时，若线圈被吸引，则正常。然后，从线圈被吸引的状态下，使直流电压逐渐下降，在 DC 10 V 以上时，若线圈被释放，则正常。在此范围以外的电压下，当继电器线圈工作时，继电器会出现异常，因此，需要更换线圈。

（2）确认各触点间的工作状况。

继电器 SD-N21 在失电状态下，1/2、3/4、5/6、13/14、43/44 触点间为切断状态，21/22、31/32 触点间为导通状态。继电器 SD-N21 在得电状态下，1/2、3/4、5/6、13/14、43/44 触点间为导通状态，21/22、31/32 触点间为切断状态。

用万用表测量继电器 SD-N21 在失电、得电两种状态下各触点间的导通切断状态，即使出现任何触点间的导通切断状态不符合要求时，继电器也会出现异常，需要更换。

3. 安装继电器 SD-N21

（1）安装继电器（SD-N21）固定螺钉（M4×2颗），画防松线。

（2）根据继电器接线图安装继电器（SD-N21）上连接的所有控制配线。

五、实训验收

实训验收包括设备认知实训验收、检修作业实训验收和故障处理实训验收。每个实训验收总分为100分，及格分为90分。实训验收的内容如表1-2、表1-3、表1-4所示。

表1-2 设备认知实训验收表

班级：_____　姓名：_____　学号：_____　日期：_____

序号	实训项点	分值	扣分	得分
1	箱体：手指牵引逆变器箱体（4.5分），口呼牵引逆变器箱体（4.5分）	9		
2	控制放大器：手指控制放大器（4.5分），口呼控制放大器（4.5分）	9		
3	功率单元：手指功率单元（5分），口呼功率单元（5分）	10		
4	制动断路器单元：手指制动断路器单元（4.5分），口呼制动断路器单元（4.5分）	9		
5	电压检测单元：手指电压检测单元（4.5分），口呼电压检测单元（4.5分）	9		
6	数字接口单元：手指数字接口单元（4.5分），口呼数字接口单元（4.5分）	9		
7	电流检测单元：手指电流检测单元（4.5分），口呼电流检测单元（4.5分）	9		
8	直流滤波电容器：手指直流滤波电容器（4.5分），口呼直流滤波电容器（4.5分）	9		
9	继电器：手指继电器（4.5分），口呼继电器（4.5分）	9		
10	转换开关单元：手指转换开关单元（4.5分），口呼转换开关单元（4.5分）	9		
11	耐压试验用连接器：手指耐压试验用连接器（4.5分），口呼耐压试验用连接器（4.5分）	9		
12	用时在10 min之内不扣分，每超过1 min扣2分	0		
	合计	100		

表 1-3 检修作业实训验收表

班级：		姓名：	学号：		日期：		
序号		实训项点		分值	扣分	得分
---	---	---	---	---	---	---
1	箱体：手指箱体安装螺栓（1分），口呼螺栓无松动，防松线清晰无错位（2分）			3		
	手指箱盖锁（1分），口呼箱盖锁闭状态良好（2分）。打开箱盖，手指箱体密封件（2分），口呼密封件密封良好（1分）			6		
	手指箱内（1分），口呼箱内外观无异常、无污渍、无积尘（2分）			3		
2	控制放大器：拆卸控制放大器连接器检查（3分），口呼控制放大器连接器针脚无松动、无变形、无腐蚀（3分）			6		
3	功率单元：手指功率单元（2分），口呼功率单元外观无变形、无变色、无破损，热管无变形、无污渍、无堵塞（4分）			6		
	手指功率单元电路板（2分），口呼电路板无变形、无变色、无破损（4分）			6		
	手指功率单元内部配线（2分），口呼电线及端子无变形、无变色、无破损；光缆无损坏（4分）			6		
4	制动断路器单元：手指制动断路器单元（2分），口呼制动断路器单元外观无变形、无变色、无破损，热管无变形、无污渍、无堵塞（4分）			6		
	手指制动断路器单元电路板（2分），口呼电路板无变形、无变色、无破损（4分）			6		
	手指制动断路器单元配线（2分）；口呼电线及端子无变形、无变色、无破损，光缆无损坏（4分）			6		
5	电压检测单元：手指电压检测单元（2分），口呼外观无变形、无变色、无破损（4分）			6		
6	数字接口单元：手指数字接口单元（2分），口呼外观无变形、无变色、无破损（4分）			6		
7	电流检测单元：手指电流检测单元（2分），口呼外观无变形、无变色、无破损（4分）			6		
8	直流滤波电容器：手指直流滤波电容器（1分），口呼无漏液、端子和箱体无损伤无变形（2分）。手指直流滤波电容器端子和安装螺钉（1分），口呼端子、螺钉紧固良好，无腐蚀（2分）			6		
9	继电器：手指继电器（2分），口呼继电器外观无变形、无变色、无破损，外罩无变色（4分）			6		
10	转换开关单元：手指转换开关单元（1分），口呼外观无变形、无变色、无破损（2分）			3		
	手指转换开关单元安装螺钉（1分），口呼螺钉紧固良好（2分）			3		
	操作CCOS模式开关（2分），口呼开关切换无卡滞（1分）			3		
	手指连接器（1分），口呼连接器针脚无变形、无松动、无腐蚀（2分）			3		
11	耐压试验用连接器：手指耐压试验用连接器（1分），口呼外观无变形、无变色、无破损（3分）			4		
12	用时在20 min之内不扣分，每超过1 min扣2分			0		
	合计			100		

表 1-4 故障处理实训验收表

班级：_____ 姓名：_____ 学号：_____ 日期：_____

序号	实训项点	分值	扣分	得分
1	观察控制放大器画面中 FC 电压"VC"为 0 V（5 分），确认后，关闭控制电源（5 分）	10		
2	打开检查罩（5 分），使用兆欧表测量 FC 的电荷，口呼 FC 已放电（5 分）	10		
3	手指继电器进行外观检查（5 分），口呼继电器无异常，控制配线安装螺钉无异常（5 分）	10		
4	拆下继电器上所有控制配线（5 分）。拆下继电器固定螺钉（5 分）	10		
5	测量继电器线圈的吸引电压 DC 77 V（10 分），测量继电器线圈的释放电压 DC 10 V（10 分）	20		
6	用万用表测量继电器 SD-N21 在失电状态下，1/2、3/4、5/6、13/14、43/44 触点间为切断状态（5 分），21/22、31/32 触点间为导通状态（5 分）	10		
7	用万用表测量继电器 SD-N21 在得电状态下，1/2、3/4、5/6、13/14、43/44 触点间为导通状态（5 分），21/22、31/32 触点间为切断状态（5 分）	10		
8	安装继电器固定螺钉（5 分），画防松线（5 分）。安装继电器所有控制配线（10 分）	20		
9	用时在 20 min 之内不扣分，每超过 1 min 扣 2 分	0		
	合计	100		

六、思考题

1. 简述牵引系统 VVVF 的工作原理。
2. 牵引逆变器箱主要包括哪些部件？
3. VVVF 牵引逆变器检查项点包括哪些设备？
4. VVVF 牵引逆变器检查项点中有哪些参数需要测量？
5. 状态良好的继电器线圈的吸引电压和释放电压各是多少？具体的测量方法是什么？
6. 检查继电器各触点间的工作状况是否必须需要 DC 110 V 电源，为什么？

实训二　基础制动单元检修

扫一扫获取
本实训彩图

一、实训目的

（1）熟悉基础制动单元的工作原理。
（2）熟悉基础制动单元结构及各硬件设备。
（3）熟悉并掌握基础制动单元检修作业流程。
（4）了解闸瓦运用标准及测量闸瓦厚度的方法。
（5）掌握更换闸瓦的操作流程。
（6）掌握常用工器具（抹布、刷子、吸尘器、游标卡尺、钢板尺/卷尺、棘轮扳手及套筒、扭矩扳手、尖口钳、塑料/尼龙槌）的使用方法。

二、实训原理

基础制动单元教学培训平台（见图 2-1）主要用于踏面制动单元试验、教学、员工培训。培训平台上的踏面制动单元的型号为日本 Nabtesco 公司 TG180-3-LP 型带停放踏面制动单元和中国铁道科学研究院集团有限公司（简称铁科院）XFD-2HS 型带停放踏面制动单元。

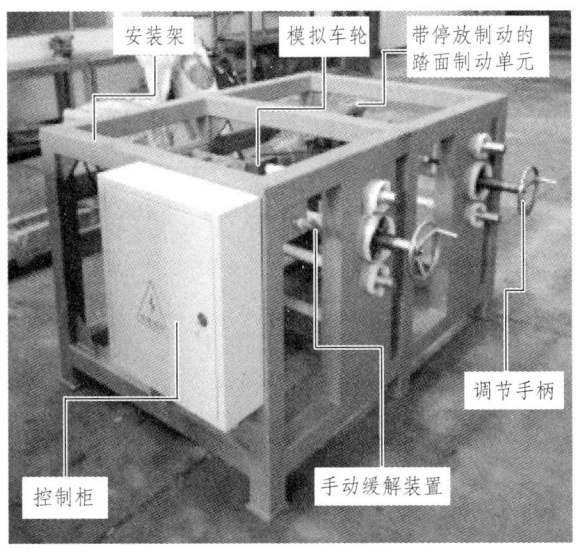

图 2-1　教学平台

基础制动单元教学培训平台由以下三部分组成：

（1）日本 Nabtesco 公司 TG180-3-LP 型带停放踏面制动单元和铁科院 XFD-2HS 型带停放踏面制动单元。

（2）教学平台由基础制动装置、半剖或其他形式的内部结构可视的教学模具、模拟安装架等组成。模拟安装架主要用于安装和固定基础制动装置，能展示基础制动装置与车轮的相对位置及作用关系，便于教学。

（3）教学平台外接风源，模拟安装架具有为踏面制动单元供风的气路配管，并设有调压阀和带侧排的塞门，踏面制动单元与供气管之间通过软管连接，该软管与现有制动软管相同，能模拟空气制动和停放制动的施加、缓解。

三、实训准备

（一）健康状况及知识要求

（1）实训人员的身体状况、精神状态良好。

（2）实训人员必须具备必要的车辆构造、检修相关知识。

（3）实训人员必须具备使用车辆检修常用工器具的相关知识。

（二）安全要求

（1）实训人员按照实训室要求穿戴安全帽、工作服、护趾鞋等劳保用品。

（2）实训前必须开启实训室照明设备，保障实训时有足够亮度。

（3）实训时不允许穿凉鞋、拖鞋、裙子、短裤，长发按要求束发。

（4）实训人员必须待在安全区，未经现场实训老师同意不得进入设备区触摸或操作任何设备。

（5）实训期间，必须 2 人以上组成作业小组后方能进行检修作业。

（三）实训设备

实训设备是基础制动单元教学平台。该平台可用于踏面制动单元拆解培训、教学，踏面制动单元故障模拟处理和学习。

（四）工器具

（1）抹布、刷子、吸尘器、钢板尺、游标卡尺各 2 套；

（2）卷尺、棘轮扳手及套筒、扭矩扳手、开口销、尖口钳、塑料/尼龙槌、闸瓦。

（五）实训时长及人数

（1）实训时长：6 课时（分 3 次，每次 2 课时）；

（2）每次实训人数：10 人左右。

四、实训步骤

(一)认识基础制动单元

1. TG180-3-LP 型带停放踏面制动单元

TG180-3-LP 型带停放踏面制动单元由日本 Nabtesco 公司生产(见图 2-2)。

图 2-2 带停放踏面制动单元

2. XFD-2HS 型带停放踏面制动单元

XFD-2HS 型带停放踏面制动单元是由中国铁科院生产制造的(见图 2-3)。

图 2-3 带停放踏面制动单元

3. 力放大机构

踏面制动单元力的放大机构利用楔角放大原理制成,具有质量小、体积小、输出力大且使用范围广等优点。力的放大原理如图 2-4 所示,该型踏面制动单元力的放大倍率仅与楔角角度有关。

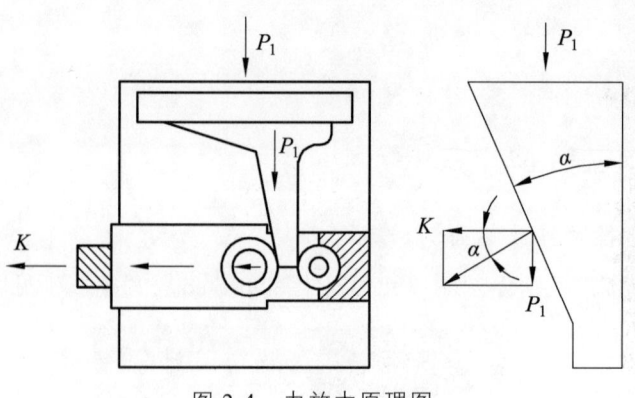

图 2-4　力放大原理图

制动倍率按下式计算：

$$K=P_1/\tan\alpha=P_1\times n$$

故

$$n=K/P_1=1/\tan\alpha$$

式中　n——制动倍率；

　　　P_1——制动作用力；

　　　K——制动单元输出力；

　　　α——楔角角度。

XFD 踏面制动单元的放大倍率不是一个定值，而是一个选取范围，在不改变外形尺寸的情况下，在 1.8～4.47 倍可任意选取。

4. 闸瓦托

闸瓦托（见图 2-5）采用弧形滑块式结构，能自动保持均匀的闸瓦间隙。调整螺杆与闸瓦托通过 V 形板簧和 Ω 形弹簧及弧形滑块组成径向活动机构。当制动时，在输出力作用下，可自动调整闸瓦与车轮踏面间的不均匀间隙，以确保闸瓦均匀贴合。此结构还有避免偏载、弯曲和冲击载荷的传递，防止调整螺杆弯曲变形的作用。

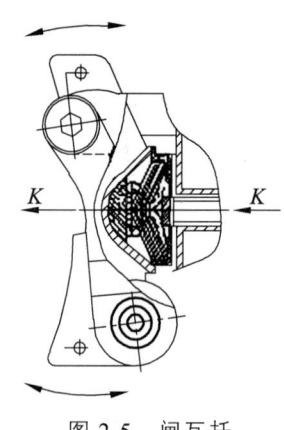

图 2-5　闸瓦托

5. 停放制动的工作原理（见图 2-6）

（1）缓解位。

在缓解位时，制动单元的停放缸充入总风，在弹簧勾贝（2）上产生一个与双弹簧（3）相反的力，使勾贝（1）向上移动，使停放缸达到缓解位，因锥形螺母（11）与螺杆（12）紧紧啮合在一起，锥形螺母（11）的 K 面又与勾贝（1）因蝶簧压紧，使锥形螺母不能旋转，同时因锁闭棘舌（8）与棘轮座（6）锁定在一起，使螺杆（12）不能旋转，只能随勾贝（1）向上移动，当螺杆（12）脱离制动单元勾贝，制动单元达到缓解位（见图 2-7）。

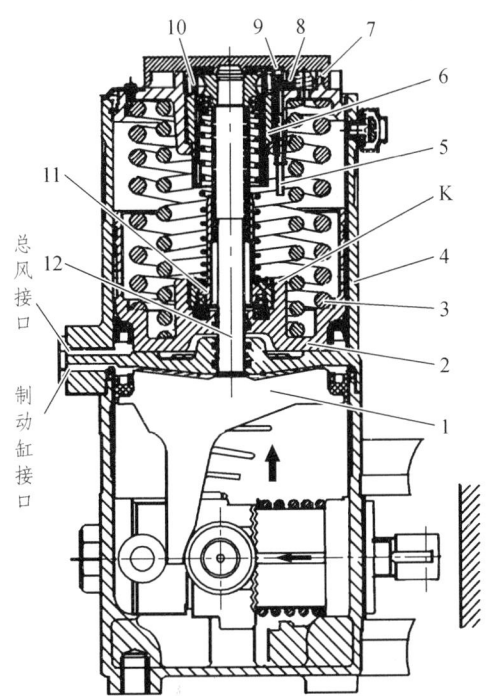

1—制动单元勾贝；2—弹簧制动勾贝；3—双弹簧；4—弹簧制动筒体；5—止动芯轴；6—棘轮座；
7—棘舌止动弹簧；8—锁闭棘舌；9—止动芯轴上弹簧；10—螺杆复原弹簧；
11—锥形螺母；12—螺杆；K—锥形螺母接触面。

图 2-6　停放制动

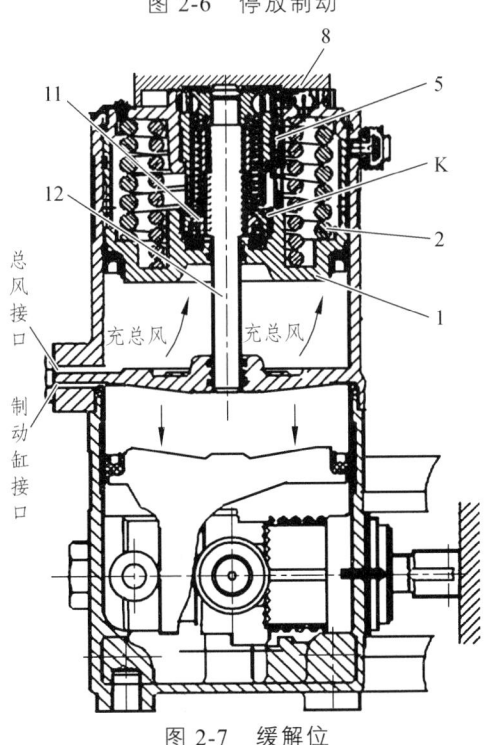

图 2-7　缓解位

（2）制动位。

当停放制动缸内总风排至零时，双弹簧（3）的作用力通过弹簧制动勾贝（1）、锥形螺母（11）、螺杆（12）及制动单元勾贝（1）施以停车制动。双弹簧（3）产生的力由于受到锥形螺母（11）的 K 面摩擦力和锁闭棘舌（8）和棘轮座（6）锁闭的共同限制，阻碍螺杆（12）旋转，使螺杆（12）只能随勾贝（1）向下移动，达到制动位（见图 2-8）。

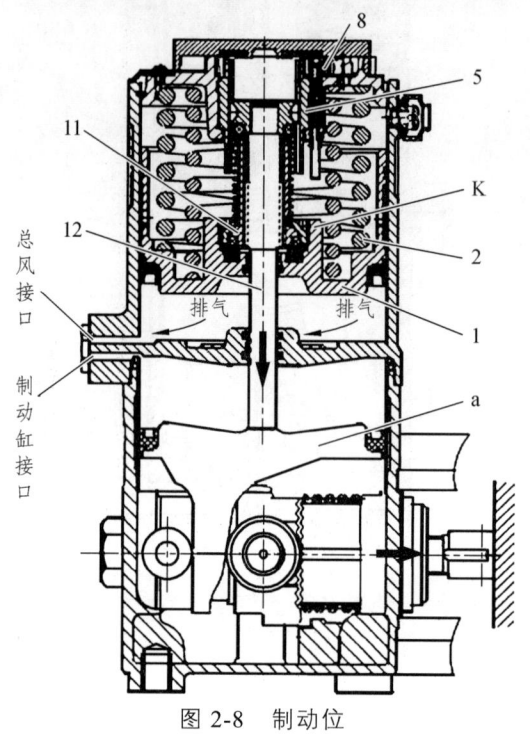

图 2-8　制动位

6. 常用制动的工作原理

（1）制动状态。

制动时，空气压力 P 进入制动缸，克服勾贝复原弹簧（4）作用力，推动倍率勾贝（3）向下移动，并推动轴承托架（6）及推筒（8）向前移动，推动闸瓦托（1）使闸瓦与车轮踏面接触，从而达到制动效果（见图 2-9）。

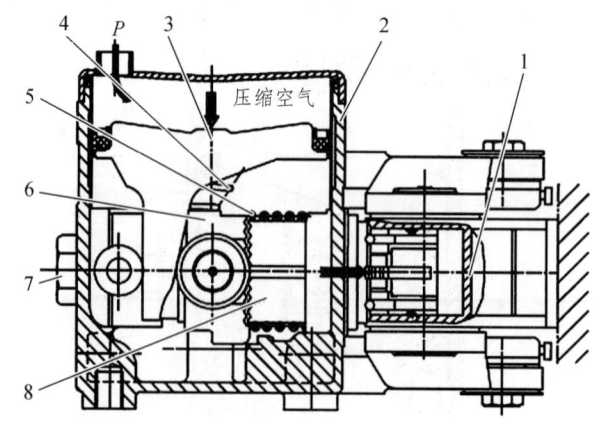

1—闸瓦托；2—缸体；3—倍率勾贝；4—勾贝复原弹簧；5—推筒弹簧；6—轴承托架；7—调节螺母；8—推筒。

图 2-9　制动状态

(2)缓解状态。

空气压力 P 由制动缸排出,在勾贝复原弹簧(4)反弹力的作用下,推动倍率勾贝(3)向上移动,在推筒复原弹簧(5)弹簧力的作用下,推筒(8)向后移动,并带动轴承托架(6)向后移动,在推筒(8)后移过程中,间隙调整器动作,同时使闸瓦托(1)和闸瓦离开车轮踏面,使踏面制动单元处于缓解位(见图2-10)。

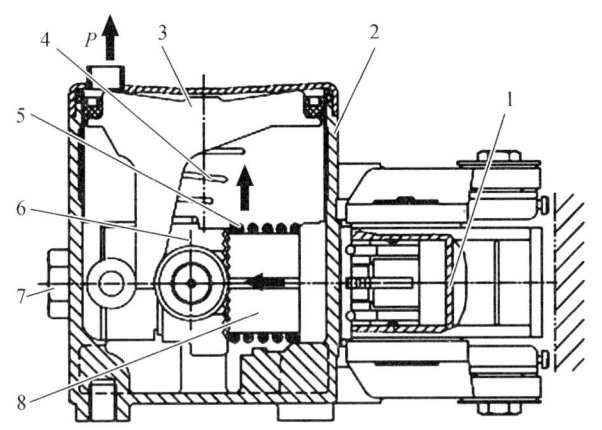

1—闸瓦托;2—缸体;3—倍率勾贝;4—勾贝复原弹簧;5—推筒弹簧;
6—轴承托架;7—调节螺母;8—推筒。

图 2-10 缓解状态

(二)基础制动单元检修作业

1. 基础制动单元控制箱

(1)用干抹布擦拭箱体内部,必要时使用刷子配合吸尘器进行清洁,要求箱体及箱内清洁,干燥无积尘。

(2)目视检查箱盖密封良好;空气管路无泄漏;各部件安装牢固;连接状态良好;箱内元件无损伤,无过热变色或烧损;箱内各部件安装螺栓及 EP 阀调整螺栓无松动。

2. 踏面制动单元及闸瓦

(1)目视检查外观清洁,无锈迹,防松线清晰无错位。

(2)耳听接头及本体无泄漏。

(3)目视检查踏面制动单元及闸瓦无破损,安装紧固件无松动;闸瓦、闸瓦托安装良好,闸瓦紧贴车轮。

(4)测量闸瓦厚度符合限度要求:闸瓦反轮缘侧最低点厚度不小于 25 mm。沟状磨耗深度达到 2 mm,需更换该轮闸瓦;对磨耗明显且沟槽在滚动圆附近的踏面,沟状磨耗深度超过 1 mm 的需更换闸瓦。

(5)目视检查停放制动手动开放钢索无损坏,安装牢固。

(三）闸瓦更换实训

更换闸瓦及车轮时，一定要用扳手将手动调整螺母按顺时针方向（松）拧动，将闸瓦托拉回初始位置。此时，不应用过大的力（许用拧动力矩为 25 N·m）拧动手动调整螺母（因为这样会造成推杆螺纹卡涩）。

1. 拆下磨损闸瓦

（1）拆下开口销，拔出开尾销及闸瓦销。
（2）按顺时针方向拧动手动调整螺母，使闸瓦间隙变大之后，取下磨损闸瓦。
（3）再按顺时针方向拧动手动调整螺母，将闸瓦托拉回壳体一侧。

注：如果拧动力矩超过 25 N·m，则先反方向拧动螺母，或一边晃动闸瓦托（利用间隙）一边继续作业。因闸瓦托上部与吊架互相干扰，使手动调整螺母开始空转时，应进行第（2）项的作业。

2. 调整闸瓦托的倾角

（1）如果将闸瓦托拉回初始位置时其倾角与车轮踏面不一致，则从下部插入金属棒进行调整，或者在闸瓦间隙的窄的部分插入金属棒扩展间隙，如图 2-11 所示。

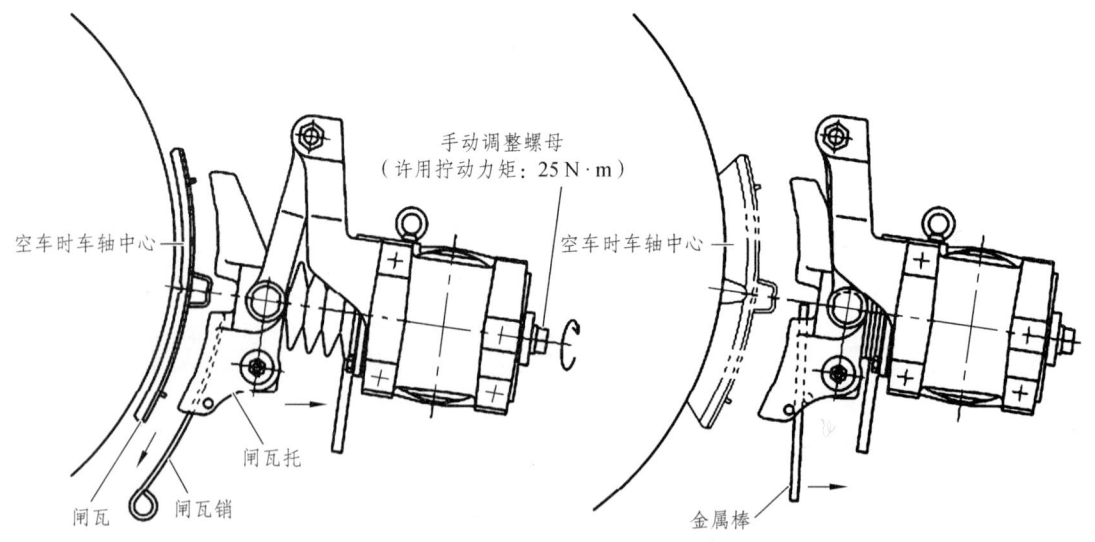

（a）拆下磨损闸瓦　　　　（b）调整闸瓦托的倾角

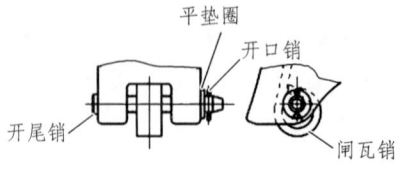

（c）闸瓦销的固定

图 2-11　调整闸瓦托的倾角

3. 安装新闸瓦

（1）将新闸瓦安装在闸瓦托上。

（2）按逆时针方向拧动手动调整螺母，使闸瓦间隙变小之后（此时，不应使闸瓦与车轮相碰），用开尾销、平垫圈及开口销固定闸瓦销。

注：手动调整螺母的许用拧动力矩为 25 N·m。每次更换闸瓦时，应使用新的开口销。

4. 调整闸瓦间隙（初始设定）

（1）用手动调整螺母进行调整，使闸瓦在制动缓解状态下其中间部分的间隙能够达到 7～12 mm。如图 2-12 所示，即使其上下间隙不一致，只要施行一次制动，闸瓦的上下间隙即可变得一致。无压缩空气气源时，只要在闸瓦间隙窄的部分插入金属棒扩展间隙，闸瓦的上下间隙也可变得一致。

注：在进行闸瓦上下间隙一致的调整时，绝对不能用拧动手动调整螺母使闸瓦压紧在车轮上的方法来进行。如果闸瓦的一端与车轮相碰，则会使手动调整螺母不能转动。如果此时强行拧动手动调整螺母，则会损坏内部的连接机构。（手动调整螺母的许用拧动力矩为 25 N·m。）

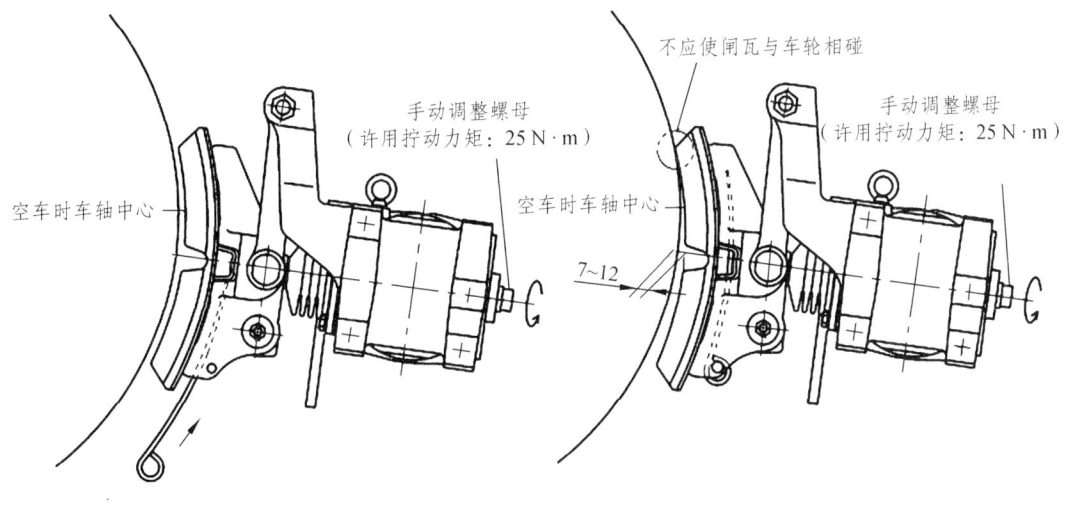

（a）安装新闸瓦　　　　　（b）调整闸瓦间隙

图 2-12　调整闸瓦间隙

五、实训验收

实训验收包括设备认知实训验收、检修作业实训验收和部件更换实训验收。每个实训验收为 100 分，及格分为 90 分。实训验收内容如表 2-1、表 2-2、表 2-3 所示。

表 2-1 设备认知实训验收表

班级：_____ 姓名：_____ 学号：_____ 日期：_____

序号	实训项点	分值	扣分	得分
1	手指 TG180-3-LP 型带停放踏面制动单元（5分），口呼 TG180-3-LP 型带停放踏面制动单元，由日本 Nabtesco 公司生产（10分）	15		
2	手指 XFD-2HS 型带停放踏面制动单元（5分），口呼 XFD-2HS 型带停放踏面制动单元，由中国铁科院生产制造（10分）	15		
3	口述"踏面制动单元的力放大机构采用楔角放大原理（10），具有质量小、体积小、输出力大且使用范围广等优点"（10分）	20		
4	手指闸瓦托（5分），口呼闸瓦托（5分）	10		
5	口述停放制动的工作原理："缓解：停放缸充入总风，弹簧压缩，勾贝上移，推筒后移，使闸瓦离开车轮踏面，达到缓解状态"（10分），"制动：停放缸排风，弹簧力推动勾贝下移，勾贝推动推筒前移，使闸瓦压向车轮踏面，达到制动状态"（10分）	20		
6	口述常用制动的工作原理："制动：制动缸充入总风，压缩空气推动勾贝下移，勾贝推动推筒前移，使闸瓦压向车轮踏面，达到制动状态"（10分），"缓解：制动缸排风，勾贝上移，推筒后移，使闸瓦离开车轮踏面，达到缓解状态"（10分）	20		
7	用时在 10 min 之内不扣分，每超过 1 min 扣 2 分	0		
	合计	100		

表 2-2 检修作业实训验收表

班级：_____ 姓名：_____ 学号：_____ 日期：_____

序号	实训项点	分值	扣分	得分
1	打开用基础制动单元控制箱检查罩（5分），用干抹布擦拭箱体内部（5分），口呼箱体及箱内清洁，干燥无积尘（5分）	15		
2	目视检查：手指箱盖密封件（5分），口呼密封件良好（5分）；手指空气管路（5分），口呼管路无泄漏（5分）	20		
	目视检查箱内各部件，口呼各部件安装牢固，连接状态良好（5分）；口呼箱内元件无损伤，无过热变色或烧损（5分）	10		
3	手指踏面制动单元及闸瓦进行目视检查（5分），口呼外观清洁，无锈迹，防松线清晰无错位（5分）；口呼踏面制动单元及闸瓦无破损，安装紧固件无松动（5分）；口呼闸瓦及闸瓦托安装良好，闸瓦贴紧车轮（5分）	20		
	手指停放制动手动开放钢索进行目视检查（5分），口呼钢索无损坏，安装牢固（5分）	10		
	贴近耳听踏面制动单元（5分），口呼接头及本体无泄漏（5分）	10		
4	用钢尺测量反轮缘侧闸瓦厚度（5分），口呼闸瓦厚度××mm，符合厚度不小于 25 mm 限度要求（5分）。口呼沟状磨耗深度达到 2 mm，或滚动圆附近沟状磨耗深度超过 1 mm 更换闸瓦（5分）	15		
5	用时在 10 min 之内不扣分，每超过 1 min 扣 2 分	0		
	合计	100		

表 2-3　部件更换实训验收表

班级：_____　姓名：_____　学号：_____　日期：_____

序号	实训项点	分值	扣分	得分
1	用尖口钳拆下闸瓦开口销（10 分），拔出开尾销及闸瓦销（5 分）	15		
2	用扳手按顺时针方向拧动手动调整螺母（10 分），使闸瓦间隙变大，取下磨损闸瓦（5 分）	15		
3	用扳手再按顺时针方向拧动手动调整螺母（10 分），将闸瓦托拉回壳体一侧（10 分）	20		
4	若闸瓦托倾角与车轮踏面不一致，则从下部插入金属棒进行调整（10 分）	10		
5	将新闸瓦安装在闸瓦托上（10 分）。用扭矩扳手（扭矩为 25 N·m）（10 分）按逆时针方向拧动手动调整螺母，调整闸瓦间隙至合理位置（5 分），用开尾销、平垫圈及开口销（新）固定闸瓦销（5 分）	30		
6	用扭矩扳手（扭矩为 25 N·m）再次调整手动调整螺母（5 分），使闸瓦在制动缓解状态下其中间部分的间隙能够达到 7～12 mm（5 分）	10		
7	用时在 20 min 之内不扣分，每超过 1 min 扣 2 分	0		
	合计	100		

六、思考题

1. 停放制动缸充入总风和排气分别表示停放制动施加还是缓解？
2. 常用制动缸充气和排气分别表示制动施加还是缓解？
3. 在检查过程中，如果耳听接头发现有疑似漏气的声音，下一步应该采取什么办法确认接头是否漏气？
4. 简述沟状磨耗深度测量方法。
5. 拆卸磨损闸瓦过程中，可以调换步骤（1）和步骤（2）的顺序吗？即可以先按顺时针方向拧动手动调整螺母，使闸瓦间隙变大之后，再拆下开口销，拔出开尾销及闸瓦销，取下磨损闸瓦吗？
6. 安装新闸瓦过程中，哪些紧固件（开尾销、平垫圈、开口销）需要更换新件？

实训三 乘客信息系统（PIS）检修

扫一扫获取
本实训彩图

一、实训目的

（1）熟悉 PIS 的基本原理。
（2）熟悉 PIS 结构及各硬件设备。
（3）熟悉并掌握 PIS 检修作业流程。
（4）了解 PIS 常见故障类型及故障处理方法。
（5）掌握常用工器具（数字万用表）的使用方法。

二、实训原理

乘客信息系统（PIS）由列车广播及通信系统（PA）、乘客信息显示系统（PIDS）和中央电视监控系统（CCTV）三个子系统组成。系统结构如图 3-1 所示，实训设备如图 3-2 所示。

三、实训准备

（一）健康状况及知识要求

（1）实训人员的身体状况、精神状态良好。
（2）实训人员必须具备必要的车辆构造、检修相关知识。
（3）实训人员必须具备使用车辆检修常用工器具的相关知识。

（二）安全要求

（1）实训人员按照实训室要求穿戴安全帽、工作服、护趾鞋等劳保用品。
（2）实训前必须开启实训室照明设备，保障实训时有足够亮度。
（3）实训时不允许穿凉鞋拖鞋、裙子、短裤，长发按要求束发。
（4）实训人员必须待在安全区，未经现场实训老师同意不得进入设备区触摸或操作任何设备。
（5）实训期间，必须 2 人以上组成作业小组后方能进行检修作业。

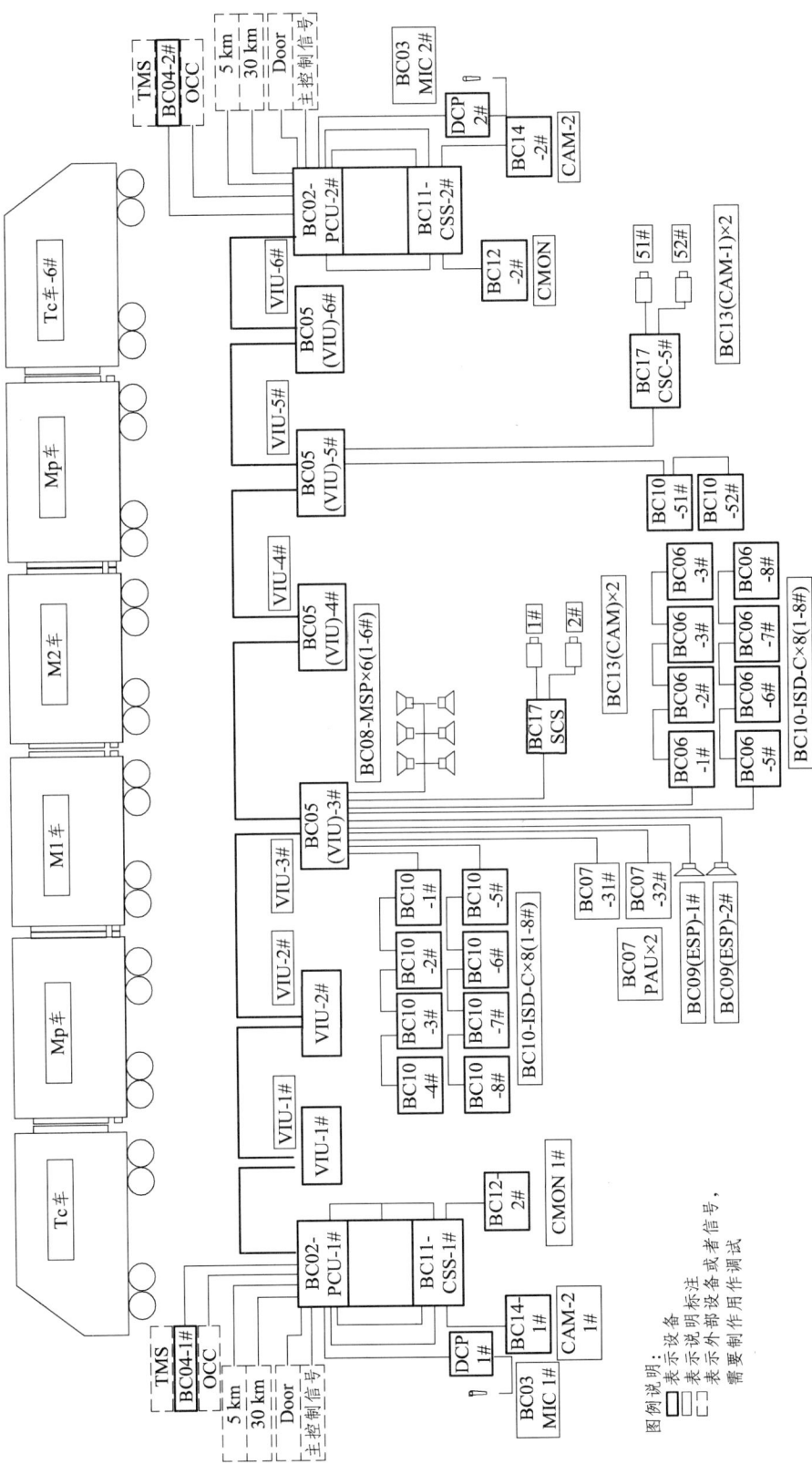

图 3-1　PIS 系统结构拓扑图

图 3-2 实训设备

(三) 实训设备

本实训在 PIS 培训平台上进行，该平台包含软件、硬件，具有与线上运营车辆相同的功能，可对 PA、PIDS、CCTV 系统功能进行演示，可用于 PIS 原理及维护培训授课。

(四) 工器具

一/十字螺丝刀、数字万用表各两个。

(五) 实训时长及人数

（1）实训时长：6 课时（分 3 次，每次 2 课时）。
（2）每次实训容纳人数：10 人左右。

四、实训步骤

(一) 认识 PIS

1. 广播及通信系统

广播及通信系统由主控制单元 PCU、司机控制面板 DCP、司机广播用麦克风 MIC、车辆接口单元 VIU、乘客紧急报警器 PAU、扬声器 SP、紧急报警扬声器 ESP 组成。系统的主要功能有 OCC 对车辆的紧急广播、根据速度信号和门信号自动进行出/入站广播（自动广播）、紧急情况下的语音广播（紧急广播）、运营广播、司机手动广播（人工广播）、司机和司机的对讲通话（司机对讲）、司机和报警乘客的紧急通话（乘客紧急报警）、广播和通话音量的调节、客室根据噪声情况的自动广播音量调节、媒体伴音和广播的不同音量控制。

（1）主控制单元 PCU。

PCU 共分为 6 个插件，分别为音频广播单元（AVA）、主控制单元（CCU）、音频处理单元（APU-1）、电源模块（PWR）、媒体系统控制模块（MSS）、网络接口模块（NIU），如图 3-3 所示。

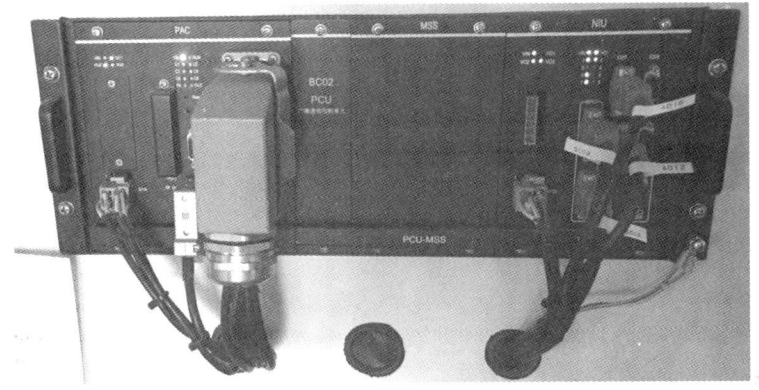

图 3-3　主控制单元

（2）司机控制面板 DCP。

DCP 由 7 英寸触摸式液晶显示屏、按键、喇叭板组成，如图 3-4 所示。

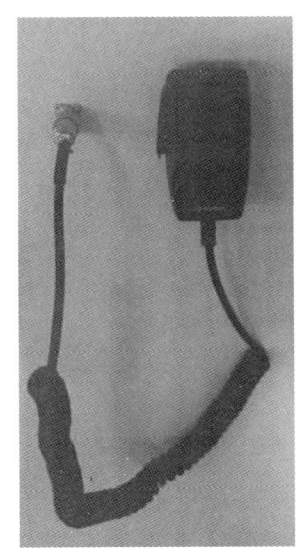

图 3-4　DCP

（3）司机广播用麦克风 MIC。

当司机需要进行人工广播、司机对讲以及紧急报警对讲通话时使用麦克风。线路接通后，司机按下麦克风侧面的 PPT 按钮，则麦克风的 PPT 开关输出信号断开，麦克风信号端发出语音信号，送到 DCP 中进行放大处理后发出给 PCU，如图 3-4 所示。

（4）车辆接口单元 VIU，如图 3-5 所示。

图 3-5　VIU

（5）乘客紧急报警器 PAU 及紧急报警扬声器 ESP。

当乘客需要报警时，按下乘客紧急报警装置的红色报警按钮，报警信号通过硬连线传送到 VIU 的 PAUS 模块，PAUS 模块控制继电器开关向 PAU 供电并控制 PAU 上的指示灯闪烁。同时，PAUS 通过母板的 RS485 接口向 VCU 发送报警信号，包括报警器号码，而 VCU 则添加所在车厢号码向 DCP 发送。当司机发出了接通命令后，VCU 向 PAUS 发送相应号码报警器的接通命令。此时，PAUS 控制 PAU 的指示灯变为常亮，同时 PAUS 接通 PAU 的音频发送到总线，发送控制命令给 PAU 接通相应的紧急报警扬声器，如图 3-6 所示。

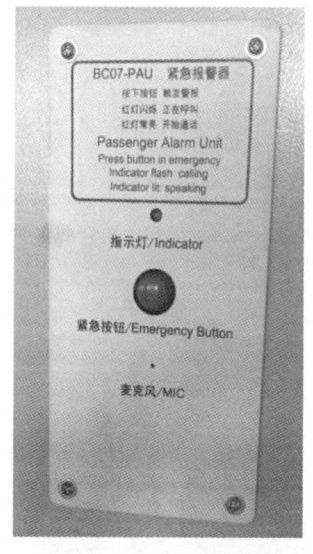 

图 3-6　PAU 和 ESP

（6）扬声器 SP。

扬声器 SP（见图 3-7）控制电路为两根两芯屏蔽线，分别连接车厢两侧的扬声器并用并线连接的方式在两侧级联，VIU 包含一个单个 30 W 扩音器，通过一个绝缘变压器，输出为 180 V。扩音器电路通过屏蔽绞线连接，电缆是被屏蔽的，连接车辆中的每个扩音器。因为扩音器使用 180 V 线路，并且每个扩音器有自己的线路变压器，所以扩音器变压器都是并联。

图 3-7　SP

2. 乘客信息显示系统 PIDS

乘客信息显示系统 PIDS 由媒体系统控制器 MSS、19 英寸 LCD 乘客信息显示器、LED 车站地图闪光显示屏 MSD、终点站 LED 显示器。PIDS 的主要功能：运行信息的实时显示、广告信息的播放、通过地面 PIS 提供的无线链路接收地面 PIS 信号并进行实时的播放。

（1）媒体系统控制器 MSS。

媒体系统控制器提供和地面 PIS 系统车载设备无线缓冲器（WBS）的通信联络，完成对运行信息 LCD 显示屏中显示的控制，如图 3-8 所示。

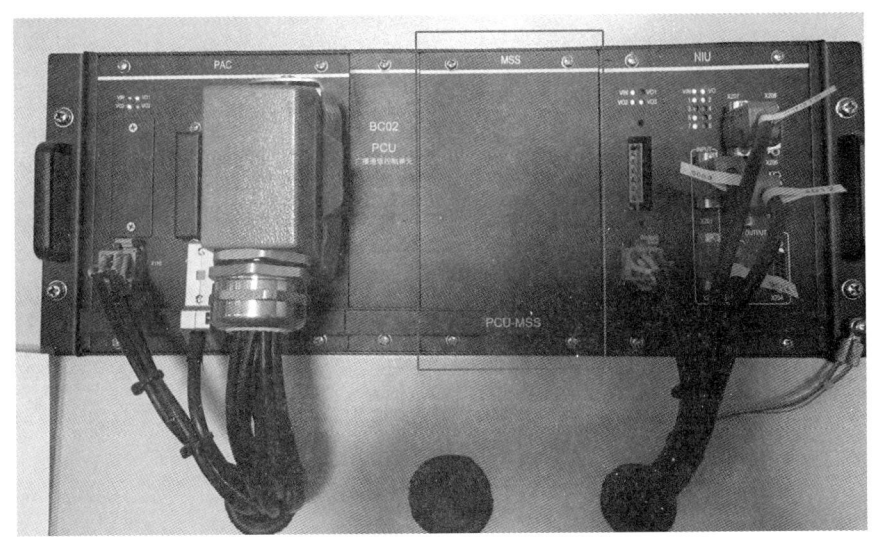

图 3-8　MSS

（2）19 英寸 LCD 乘客信息显示器。

客室配备一个 19 英寸的宽屏 LCD 显示器，其使用 VGA 信号输入方式，同时提供 1 路 VGA 信号的放大和转接。显示器可以播放本地视频，也可以播放地面 PIS 系统传输过来的实时视频，同时显示器还显示终点站、下一站以及时间等信息，如图 3-9 所示。

图 3-9 LCD 显示器

（3）LED 车站地图闪光显示屏 MSD 及导乘屏（见图 3-10）。

车门上方的电子地图，在到站车门开时，已到达站指示灯常亮，门指示灯常亮，已到达站方向指示灯常亮。在出发车门关时，下一站指示灯闪烁，已到达站指示灯常亮，下一站门指示灯闪烁，已到达站方向指示灯常亮，运行站间方向指示灯闪烁。

图 3-10 门区 LED

导乘屏显示终点站、下一站、本/对侧开门信息，出站时显示三站两区间，如图 3-11 所示。

 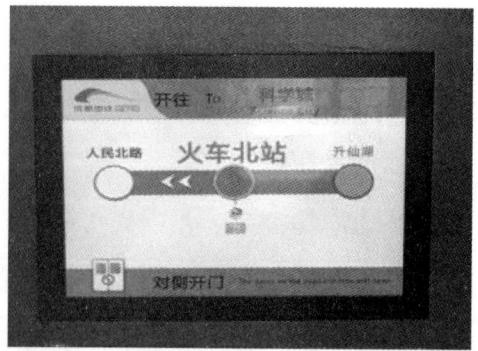

图 3-11 动态地图

（4）终点站 LED 显示器。

终点站 LED 显示器由 PCU 主机发送控制命令来显示存储在 LED 控制板相应的条目信息，即终点站信息。终点站 LED 显示器位于车头玻璃上方，如图 3-12 所示。

图 3-12 终点站 LED

3. 中央电视监控系统

中央电视监控系统由CCTV系统服务器CSS、CCTV系统客室终端（编码器）CSC、客室摄像机、司机室摄像机、12英寸触摸式监视器组成。它的主要功能包括：摄像头信息的数字编码和网络传送、摄像头的选择和显示、单画面和四画面轮询、数字图像的数字水印、视频信息的存储、视频存储信息的检索和回放、乘客紧急报警时视频信号帧率的自动变换、报警信息的存储和检索。该系统的文件下载使用网络接口，操作系统使用Linux系统，这些都提高了系统的可靠性。并且这个系统可以通过和TMS的接口完成对其他报警信号的处理。

（1）服务器CSS如图3-13所示。

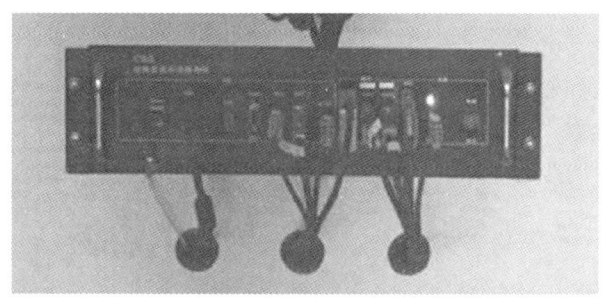

图3-13 服务器CSS

（2）客室终端（编码器）CSC如图3-14所示。

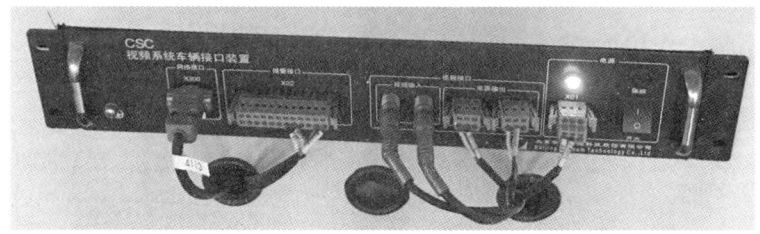

图3-14 客室终端CSC

（3）客室摄像机。

车厢内设置的摄像头（见图3-15），录像时间不小于7天，每天工作不小于20 h，监视区域覆盖全车，无盲区。

（4）司机室摄像机

司机室内设置的摄像头（见图3-16），录像时间不小于7天，每天工作不小于20 h，监视区域覆盖全车，无盲区。

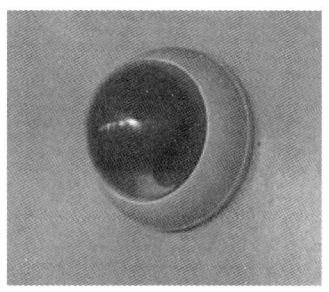

图3-15 客室摄像头

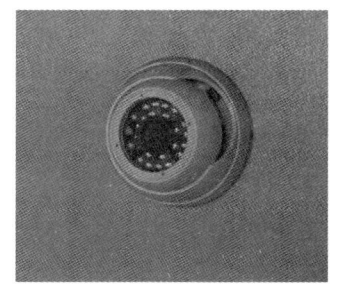

图3-16 司机室摄像头

（5）12英寸触摸式监视器。

司机室内有实时监视显示器，可以实现摄像头的选择和显示单画面和四画面轮询，如图3-17所示。

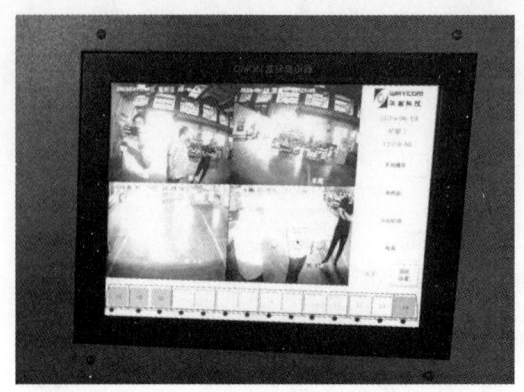

图3-17　12英寸触摸式监视器

（二）PIS系统检修作业

1. PIS设备检查（无电作业）

（1）电子地图贴膜、导乘屏、LCD显示屏外观无破损，显示正常。

（2）导乘屏、LCD显示屏安装牢固、连接器连接牢固，线缆无破损，表面无污渍（清洁）。

（3）客室摄像头外观无损坏，表面无污渍（清洁）。

2. PIS功能测试（有电作业）

（1）CCTV视频监控显示各车厢画面正常，画质清晰。轮巡、查询功能正常，检查录像存储正常。

① 首先查看14个通道的切换，分别点击1~14通道代号。

② 点击四画面/单画面切换。

③ 点击启动"轮询""停止轮询""录像查询"。

④ 依次点击"检索"→"选择通道"，实训人员分别位于Tc1/Tc2司机室，选择列车Tc1/Tc2端CCTV屏的14个通道，查看有无最近监控录像存储。在两端CCTV屏上检索、查看每个通道7天内任意一天的录像，确认Tc1/Tc2两端是否都有录像且两端录像文件数目、录像文件大小是否都一致（两名作业者分别在Tc1、Tc2通过联络对讲核对）。

⑤ 实训人员在Tc1和Tc2端CCTV屏上随机选取2个通道，检索两天内的录像。在Tc1/Tc2两端各随机播放4个视频超过5 min（可以快放或者慢放），确认视频能正常播放（无卡屏、花屏）。

（2）全列车逐个触发乘客紧急报警，司机台DCP显示报警以及与报警处对讲正常，同时CCTV监控画面应切换至报警位置。

① 客室内按压红色报警按钮。

② 司机室DCP上点击"确认"进行通话。

③ CCTV监控画面应切换至报警位置。

（3）手动、人工报站、监听功能正常，扬声器状态良好，声音不嘶哑，客室电子地图及 LCD 显示的站点与报站信息一致。

① 在司机室 DCP 面板上点击报站模式进入报站模式界面，选择"手动报站"→"报站选择"→选择"入站和出站"→点击"确定"（随机触发一个报站）。

② 在广播报站开始后按下监听，确认司机室能监听到报站广播。

③ 另一名配合人员同时到客室观察电子地图、LCD 上的站点与报站站点显示一致，报站音量大小正常。

（4）用手点击 DCP 屏上的快捷按键，要求无松动，功能正常。

（5）检查 DCP 上的音量、开关门方向、越站设置。音量设置符合标准：报站 10，人工广播 15，媒体 12，监听 10，OCC 广播音量 10/15。

① 依次点击"功能设置"→"音量设置"后进入音量设置界面。

② 检查 DCP 内音量设置是否符合标准。

③ 检查"越站设置"第一页应该为空。

④ 对照开关门方向设置标准，检查"开关门方向设置"。

（6）取下司机室备用广播，按下侧边的 PTT 按键进行人工广播，确认人工广播功能正常。要求列车备用广播功能正常，声音清晰不嘶哑。

（7）司机室联络对讲功能正常。

① 取下司机室联络对讲。

② 按下 DCP 上"人工广播"按钮进行人工广播。

③ 人工广播时确认司机室能听到人工广播回音。

④ 取消"人工广播"，按下"联络对讲"按钮，进行司机对讲。

（三）PIS 常见故障处理

1. PIS 故障诊断及检查（见表 3-1）

表 3-1 PIS 故障诊断及检查表

序号	故障现象	故障可能原因	检查
1	DCP 显示屏不亮	1. 电源输入故障； 2. 内部控制计算机、显示屏或者连接故障	1. 检查后部连接器； 2. 检查 PCU 上的 24 V 电源输出是否正常； 3. 更换，报售后服务工程师维修
2	DCP 不能触摸	1. 触摸屏故障； 2. 内部连接故障	更换，报售后服务工程师维修
3	DCP 可以触摸，但是所有按键不能正常工作	1. 内部连接故障； 2. 内部电路板故障	1. 重新启动； 2. 更换，报售后服务工程师维修
4	PCU 电源指示灯不亮，系统不工作	1. DC 110 V 电源输入故障； 2. 内部电源模块故障	1. 检查 DC 110 V 输入是否正常； 2. 更换 PCU-PWR 模块，报售后服务工程师维修

续表

序号	故障现象	故障可能原因	检查
5	终点站显示黑屏	1. DC 110 V 电源输入故障； 2. RS485 通信故障； 3. 内部电路故障	1. 检查 DC 110 V 输入是否正确； 2. 检查 RS485 通信线路的连接是否可靠； 3. 通知售后服务工程师维修
6	所有广播全车无声（包括人工、自动和手动）	1. 总线连接故障； 2. 主控选择错误； 3. PCU 的 CCU 模块、APU-I 模块	1. 检查 DC 24 V 电源是否正常； 2. 检查总线的连接端子是否松脱； 3. 确认处于主控制状态； 4. 通知售后服务工程师维修
7	人工广播全车无声	1. 主控选择错误； 2. DCP 与 PCU 之间的音频线缆断开； 3. 麦克风故障； 4. PCU 的 PAC 模块故障	1. 确认处于主控制状态； 2. 检查 DCP 到 PCU 的音频连接线是否断开； 3. 测试对讲，看看是否正常，如果对讲本侧的声音无法发出，则检查麦克风是否故障； 4. 通知售后服务工程师维修
8	某一车厢人工广播无声	1. VIU 的总线连接故障； 2. 喇叭接头故障； 3. PAC 模块故障	1. 检查 VIU 的总线连接线的端子是否可靠； 2. VIU 连接喇叭的连接头是否可靠； 3. 通过 DCP 观察相应车厢的 PAC 是否正常； 4. 通知售后服务工程师维修
9	全体客室媒体伴音无声	1. 无限缓冲器和 PCU 的电缆连接故障； 2. 无限缓冲器的编码输出故障	1. 检查无限缓冲器和 PCU 的电缆连接是否可靠； 2. 通知地面 PIS 售后服务人员维修无限缓冲器
10	一个客室媒体伴音无声	1. VIU 的总线连接故障； 2. 喇叭接头故障； 3. MSC、PAC 模块故障； 4. MSC 与 PAC 之间的音频线故障	1. 检查 VIU 的总线连接线的端子是否可靠； 2. VIU 连接喇叭的连接头是否可靠； 3. 通过 DCP 观察相应车厢的 PAC 是否正常； 4. 更换 MSC 模块； 5. 检查 MSC 到 PAC 之间的连线是否可靠； 6. 通知售后服务工程师维修 PAC 模块
11	自动广播/手动广播不报站	PCU 的 PAC 模块故障	更换 ARM 模块，通知售后服务工程师维修
12	自动广播不报站，手动广播正常	1. 主控制选择错误； 2. 列车给出的控制信号错误； 3. TMS 通信故障	1. 确认已经选择了主控； 2. 检查列车给出的控制信号是否正常，包括：5 km、25 km 以及车门信号； 3. 检查 TMS 通信电缆是否可靠； 4. 请工程师检查 TMS 通信是否正确，包括速度和里程信号

续表

序号	故障现象	故障可能原因	检查
13	自动广播报站错误	1. DCP 给出的下一站错误； 2. 列车给出的控制信号错误； 3. TMS 通信故障	1. 确认 DCP 上的下一站显示是否正确，如果不正确，修改下一站（越站）； 2. 检查列车给出的控制信号是否正常，包括：5 km、25 km 以及车门信号； 3. 检查 TMS 通信电缆是否可靠； 4. 请工程师检查 TMS 通信是否正确，包括速度和里程信号
14	对讲无声操作故障（在人工广播中）	1. DCP 到 PCU 音频线缆麦克风故障； 2. DCP 内部电路故障； 3. PCU 的 CCU 模块、APU-I 模块故障	1. 确认 DCP 上的操作正确； 2. 检查 PCU 到 DCP 的音频线缆连接可靠； 3. 检查麦克风连接； 4. 请工程师检查 DCP、PCU 的 APU 和 CCU 模块
15	报警时，PAU 上的指示灯不亮	1. VIU 上的 PAC 连接线缆故障； 2. PAU 按键故障； 3. PAU 内部故障	1. 检查 PAUS 到 PAU 的线缆连接是否可靠； 2. 检查 PAU 连接是否可靠； 3. 请售后服务工程师检查 PAU 和 VIU 上的 PAUS 模块
16	报警时，PAU 上的指示灯亮，但司机无报警	1. 主控制选择错误； 2. 相关连接线缆故障； 3. DCP 故障； 4. VIU 的 PAC 故障	1. 检查 VIU 的总线连接、PAC 到 PAU 的线缆连接是否可靠； 2. 检查 PAU 连接是否可靠； 3. 请售后服务工程师检查 PAU 和 VIU 上的 PAC 模块
17	司机室 LCD 图像静止，触摸操作不能进行	CSS 死机	重新启动 CSS 服务器
18	司机室 LCD（MON）黑屏	1. 电源故障； 2. CSS 死机	1. 检查 CSS 的输入 DC 110 V 是否正常，其输出的 DC 110 V 是否正常； 2. CSS 和 MON 之间的电源连接线缆连接是否可靠； 3. 重新启动 CSS 服务器； 4. 请售后服务工程师检查 PAU 和 VIU 上的 PAC 模块
19	CCTV 某个车厢的 2 个摄像机黑屏	1. CSC 电源故障； 2. CSC 和 PAU 的连接故障； 3. CSC 故障	1. 检查 CSC 的输入 DC 110 V 是否正常，其输出的 DC 12 V 是否正常； 2. CSC 和 VIU 之间的电源连接线缆连接是否可靠； 3. 请售后服务工程师检查 CSC

续表

序号	故障现象	故障可能原因	检查
20	CCTV 某个摄像机黑屏	1. 连接故障； 2. CSC 电源故障； 3. CSC 故障	1. 检查 CSC 的输出 DC 12 V 是否正常； 2. CSC 和摄像机之间的接线缆连接是否可靠； 3. 更换摄像机； 4. 请售后服务工程师检查 CSC 内部线缆以及摄像机
21	PAU 报警时，CCTV 不能切换到相应的摄像机	1. VIU 和 CSC 之间的报警连接线故障； 2. PAC 模块故障； 3. CSC 故障	1. 检查 CSC 和 VIU 的 PAC 的报警连接线连接是否可靠； 2. 测量 PAC 相应的输出是否闭合； 3. 请售后服务工程师检查 CSC

2. 终点站显示黑屏故障查找步骤

（1）故障现象。

列车有电功能检查时，发现 Tc1 车终点站显示屏黑屏。

（2）故障可能原因分析。

根据终点站显示屏工作原理及黑屏故障现象，初步分析故障可能原因如下：

① 终点站显示屏无 DC 110 V 电源输入。

② PCU 与终点站显示屏间的 RS485 通信故障。

③ 终点站显示屏内部电路故障。

（3）故障查找。

根据故障可能的原因依次确认故障点：

① 检查终点站显示屏电源控制空气开关，确认该空气开关是否跳闸。若电源控制空气开关跳闸，则重新合上后，检查终点站显示屏显示是否正常。若空气开关正常，则测量终点站显示屏 X01 接口的 110 V+电源输入接点是否有电压，若无电压则说明测量终点站显示屏的 110 V+电源输入线缆故障。

② 若第①步检查无异常，则检查 PCU 与终点站显示屏间的 RS485 通信线路是否破皮，线路连接插头是否牢固可靠。若发现线路破皮、线路连接插头松动，则更换 RS485 通信线缆或插头。

③ 若第①、②步检查无异常，则可以将故障的终点站显示屏与正常显示屏互换，确认故障现象是否转移。若终点站显示黑屏故障转移，则确定是终点站显示屏内部电路故障。

（4）故障处置。

根据故障原因进行相应的故障处置：

① 重新合上终点站显示屏电源控制空气开关，或更换终点站显示屏的 110 V+电源输入线缆。

② 更换 RS485 通信线缆或插头。

③ 更换故障终点站显示屏。

五、实训验收

实训验收包括设备认知实训验收、检修作业实训验收和故障处理实训验收。每个实训验收为 100 分，及格分为 90 分。实训验收内容如表 3-2、表 3-3、表 3-4 所示。

表 3-2　设备认知实训验收表

班级：_____	姓名：_____	学号：_____		日期：	
序号	实训项点	分值	扣分	得分	
1	手指主控制单元 PCU（3 分），口呼主控制单元 PCU（3 分）	6			
2	手指司机控制面板 DCP（3 分），口呼司机控制面板 DCP（3 分）	6			
3	手指司机广播用麦克风 MIC（3 分），口呼司机广播用麦克风 MIC（3 分）	6			
4	手指车辆接口单元 VIU（3 分），口呼车辆接口单元 VIU（3 分）	6			
5	手指乘客紧急报警器 PAU（3 分），口呼乘客紧急报警器 PAU（3 分）	6			
6	手指紧急报警扬声器 ESP（3 分），口呼紧急报警扬声器 ESP（3 分）	6			
7	手指扬声器 SP（3 分），口呼扬声器 SP（3 分）	6			
8	手指媒体系统控制器 MSS（3 分），口呼媒体系统控制器 MSS（3 分）	6			
9	手指 LCD 乘客信息显示器（3 分），口呼 LCD 乘客信息显示器（3 分）	6			
10	手指 LED 车站地图闪光显示屏 MSD 及导乘屏（5 分），口呼 LED 车站地图闪光显示屏 MSD 及导乘屏（5 分）	10			
11	手指终点站 LED 显示器（3 分），口呼终点站 LED 显示器（3 分）	6			
12	手指服务器 CSS（3 分），口呼服务器 CSS（3 分）	6			
13	手指客室终端（编码器）CSC（3 分），口呼客室终端（编码器）CSC（3 分）	6			
14	手指客室摄像机（3 分），口呼客室摄像机（3 分）	6			
15	手指司机室摄像机（3 分），口呼司机室摄像机（3 分）	6			
16	手指触摸式监视器（3 分），口呼触摸式监视器（3 分）	6			
17	用时在 10 min 之内不扣分，每超过 1 min 扣 2 分	0			
	合计	100			

表 3-3　检修作业实训验收表

班级：_____　　姓名：_____　　学号：_____　　日期：_____

序号	实训项点	分值	扣分	得分
1	手指电子地图贴膜、导乘屏、LCD 显示屏进行外观检查（2 分），口呼外观无破损，显示正常，表面无污渍（如有污渍则用抹布清洁）（3 分）	5		
	打开罩板，手摇导乘屏、LCD 显示屏紧固件和连接器（3 分），口呼安装牢固、连接器连接牢固，线缆无破损（3 分）	6		
	手指客室摄像头进行外观检查（2 分），口呼外观无损坏，表面无污渍（如有污渍则用抹布清洁）（3 分）	5		
2	切换查看 CCTV 显示屏的 14 个通道，分别点击 1～14 通道代号（3 分），口呼视频监控显示各车厢画面正常，画质清晰（3 分）	6		
	点击 CCTV 显示屏四画面/单画面切换（3 分），口呼 CCTV 画面切换功能正常（3 分）	6		
	点击 CCTV 显示屏启动轮询、停止轮询、录像查询（3 分），口呼 CCTV 轮巡、查询功能正常（3 分）	6		
	点击 CCTV 显示屏"检索"→"选择通道"，选择 14 个通道，查看监控录像存储情况，并随机播放 1 个视频（3 分），口呼 CCTV 录像存储正常（3 分）	6		
3	客室内按压乘客紧急报警红色按钮（2 分），司机室 DCP 上点击"确认"进行通话（2 分）。查看 CCTV 监控画面，口呼 CCTV 监控画面应切换至报警位置（3 分）	7		
4	在司机室 DCP 面板上点击报站模式进入报站模式界面→选择"手动"报站→报站选择→选择入站和出站→点击确定（随机触发一个报站）（3 分），口呼手动、人工报站功能正常（3 分）	6		
	在广播报站开始后按下监听，确认司机室能监听到报站广播（2 分），口呼监听功能正常（3 分）	5		
	另一位配合人员同时到客室观察电子地图、LCD 上的站点与报站站点显示一致，报站音量大小正常（3 分），口呼扬声器状态良好，声音不嘶哑，客室电子地图及 LCD 显示的站点与报站信息一致（3 分）	6		
5	用手点击 DCP 屏上的快捷按键（3 分），口呼按键无松动，功能正常（3 分）	6		
6	依次点击 DCP 上"功能设置"→"音量设置"进入音量设置界面（3 分），将音量设置为报站 10，人工广播 15，媒体 12，监听 10，OCC 广播音量 10（3 分）。点击"越站设置"，查看第 1 页应为空（3 分）。点击"开关门方向设置"，对照开关门方向设置标准（3 分）。口呼 DCP 音量、越站设置、开关门方向设置正常（3 分）	15		
7	取下司机室备用广播，按下侧边的 PTT 按键进行人工广播（3 分），口呼人工广播功能正常，声音清晰不嘶哑（3 分）	6		
8	取下司机室联络对讲，按下 DCP 上"人工广播"按钮进行人工广播（3 分），取消"人工广播"，按下"联络对讲"按钮，进行司机对讲（3 分），口呼司机室联络对讲功能正常（3 分）	9		
9	用时在 15 min 之内不扣分，每超过 1 min 扣 2 分	0		
	合计	100		

表 3-4　故障处理实训验收

班级：_____　姓名：_____　学号：_____　日期：_____

序号	实训项点	分值	扣分	得分
1	列车有电功能检查，手指终点站显示屏（5分），口呼发现终点站显示屏黑屏（10分）	15		
2	口呼黑屏故障可能原因有：终点站显示屏无 DC 110 V 电源输入（5分）；PCU 与终点站显示屏间的 RS485 通信故障（5分）；终点站显示屏内部电路故障（5分）	15		
3	手指终点站显示屏电源控制空气开关（10分），口呼该空气开关正常（5分）。用万用表测量终点站显示屏 X01 接口的 110 V+电源输入接点电压（10分），口呼电压×××V，电压正常（5分）	30		
4	打开罩板检查 PCU 与终点站显示屏间的 RS485 通信线路（10分），口呼线路无破皮、连接插头无松动（5分）	15		
5	将故障的终点站显示屏与正常的互换（10分），口呼故障现象转移，确定是内部电路故障（5分）	15		
6	口呼故障处理为更换故障终点站显示屏（10分）	10		
7	用时在 15 min 之内不扣分，每超过 1 min 扣 2 分	0		
	合计	100		

六、思考题

1. PIS 系统包括哪些子系统？
2. 广播与通信系统的主要功能包括哪些？
3. 乘客信息显示系统的主要功能包括哪些？
4. 中央电视监控系统的主要功能包括哪些？
5. 请简述当乘客触发紧急报警时，司机应该查看哪些信息和进行哪些操作。
6. 请简述当自动广播失效或故障时，司机应该进行哪些操作。
7. 终点站显示屏黑屏故障处理过程步骤 3 中，终点站显示黑屏故障可能原因确认的顺序是否可以调换，为什么？
8. 故障处理的基本步骤包括哪些？

实训四 贯通道检修

扫一扫获取
本实训彩图

一、实训目的

（1）熟悉贯通道的基本工作原理。
（2）熟悉贯通道结构及其硬件设备。
（3）熟悉并掌握贯通道检修作业流程。
（4）了解贯通道踏板/渡板拆装方法。
（5）了解更换贯通道踏板/渡板的操作流程。
（6）掌握常用工器具（抹布、毛刷、内六角套件、棘轮扳手及套筒、扭矩扳手、画线笔）的使用方法。

二、实训原理

6辆车编组的列车，每列车配备5个贯通道。贯通道位于两节车厢的连接处，是连接两车辆通道的重要组成部分，它在列车车辆上的位置如图4-1所示。

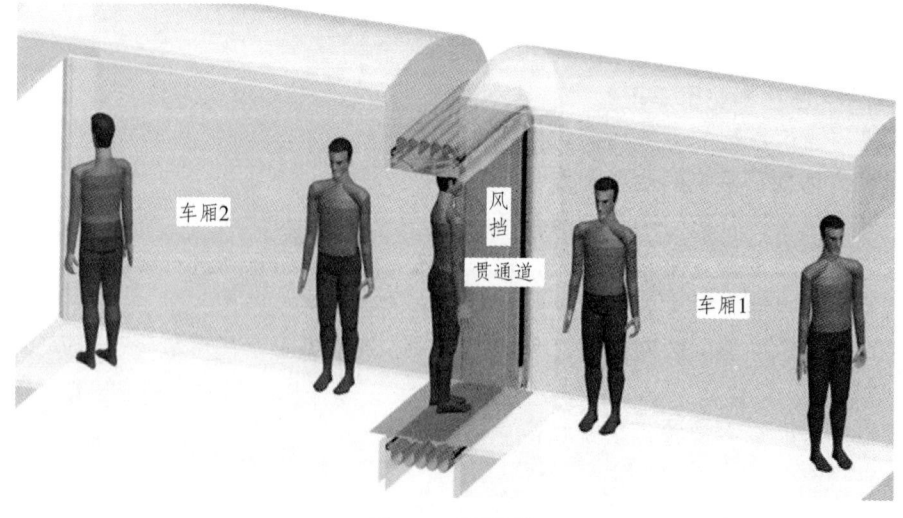

图 4-1　贯通道

三、实训准备

（一）健康情况及知识要求

（1）实训人员的身体状况、精神状态良好。
（2）实训人员必须具备必要的车辆构造、检修相关知识。
（3）实训人员必须具备使用车辆检修常用工器具的相关知识。

（二）安全要求

（1）实训人员按照实训要求穿戴安全帽、工作服、护趾鞋等劳保用品。
（2）实训前必须开启实训室照明设备，保障实训时有足够照明。
（3）实训时不允许穿凉鞋拖鞋、裙子、短裤，长发按要求束发。
（4）实训人员必须在安全区，未经现场实训老师同意不得进入设备区触摸或操作任何设备。
（5）实训期间，必须2人以上组成作业小组后方能进行检修作业。

（三）实训设备

实训设备是贯通道培训平台。该平台通过机械结构和电气控制可实现贯通道横向、纵向、垂向三个方向的运动，从而模拟贯通道在车辆上的实际运动。搭建该平台的主要目的是培训学员，提高检修水平，让学员清楚了解贯通道每个部分的结构功能，加深学员对贯通道结构的认识，并能快速掌握检修技能，提高检修水平。

（四）工器具

（1）抹布、润滑油、润滑脂、毛刷。
（2）内六角套件、棘轮扳手及套筒、扭矩扳手、毛刷、画线笔。

（五）实训时长及人数

（1）实训时长：6课时（分3次，每次2课时）。
（2）每次实训容纳人数：10人左右。

四、实训步骤

（一）认识贯通道

贯通道由风挡折棚、顶护板、侧护板、踏板、渡板、护板座、渡板连杆等部分组成，具有良好的防雨、防风、防尘、隔音功能，保证乘客能随时、安全、方便地停留或通过，如图4-2所示。

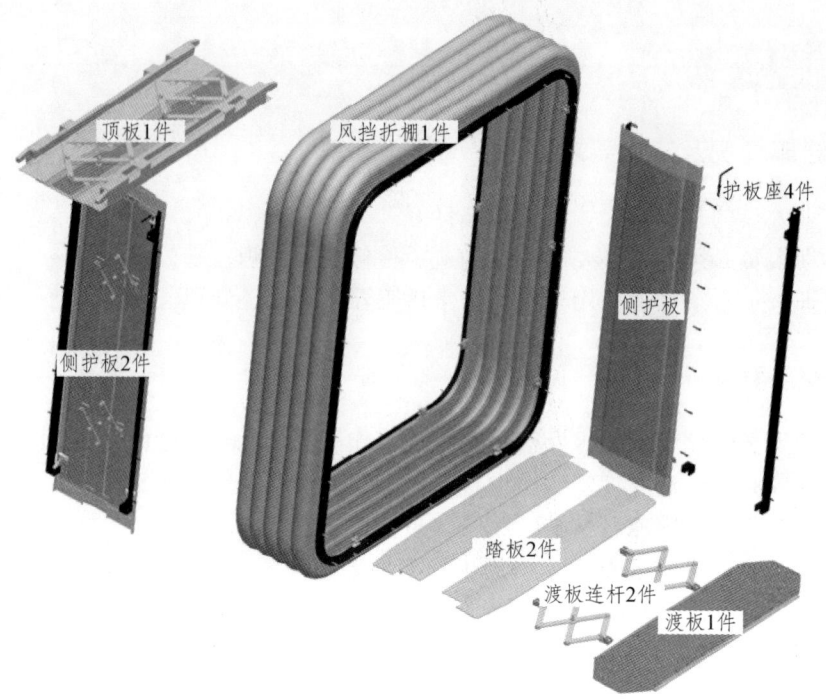

图 4-2 贯通道

1. 风挡折棚组成

风挡折棚组成由锁闭端框、折棚棚布、中间框、端框组成（见图 4-3）。锁闭端框由铝型材焊接而成，表面喷塑处理，风挡折棚与锁闭端框通过锁闭点进行锁闭，完成两节车厢间的装饰性连接。折棚组成由 8 折环状折棚构成，它由特制材料制成，具有防火、高强度、防老化等特性。折棚布缝制边缘用铝型材制成的中间框压夹，折棚端部与端框相连。

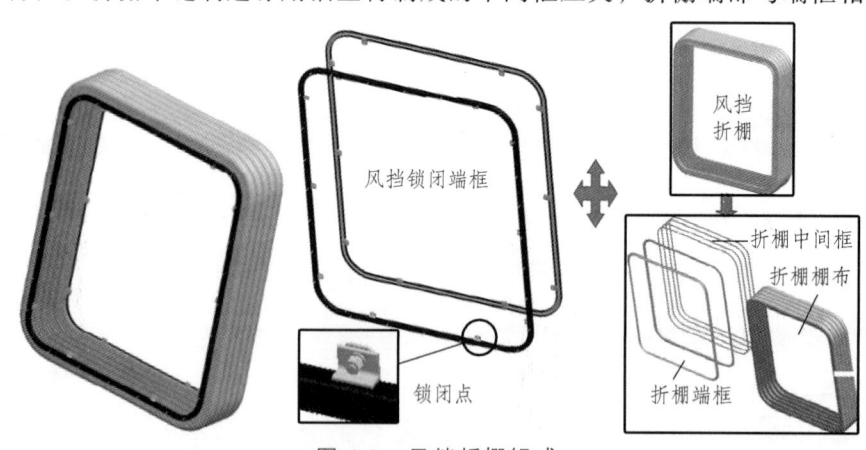

图 4-3 风挡折棚组成

2. 顶护板组成

每个贯通道组成配有一套顶护板组成，具有完整的顶装饰面。顶护板组成由边顶板、中间顶板、连杆机构构成。中间顶板通过连杆机构连接到边顶板。边顶板分别与车体相连，由于连杆机构为铰接式，顶护板可适应车辆正常运行条件下车端的各种运动，如图 4-4 所示。

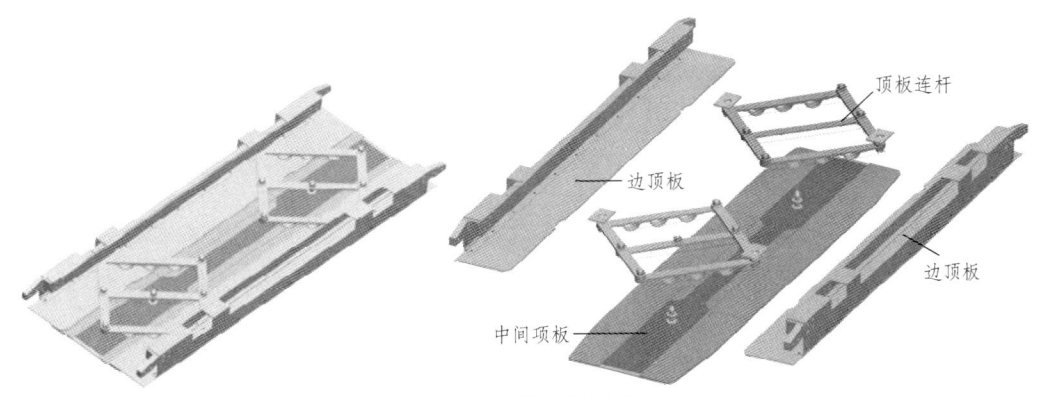

图 4-4　顶护板组成

3．侧护板组成

每套侧护板组成包括中间护板、边护板、连杆、侧护板安装座。侧护板安装座安装在车体两端，起支撑护板的作用。侧护板组成通过安装架与安装在车端的侧护板安装座固定，由于配有快速锁闭机构，侧护板组成可迅速安装在车端，并可快速开启。边护板为铝型材，表面喷漆。中间护板、边护板通过连杆连接形成一体。风挡折棚运行时，各部件复合运动，中间护板、边护板可在同一平面内实现拉伸和压缩，在中间护板弹性范围内实现轻微的转动（即侧滚运动）。中间护板、边护板上下均装有裙边，裙边由橡胶制成，当侧护板上下运动时，裙边有弹性变形，使侧护板能与车体的运动保持一致，如图 4-5 所示。

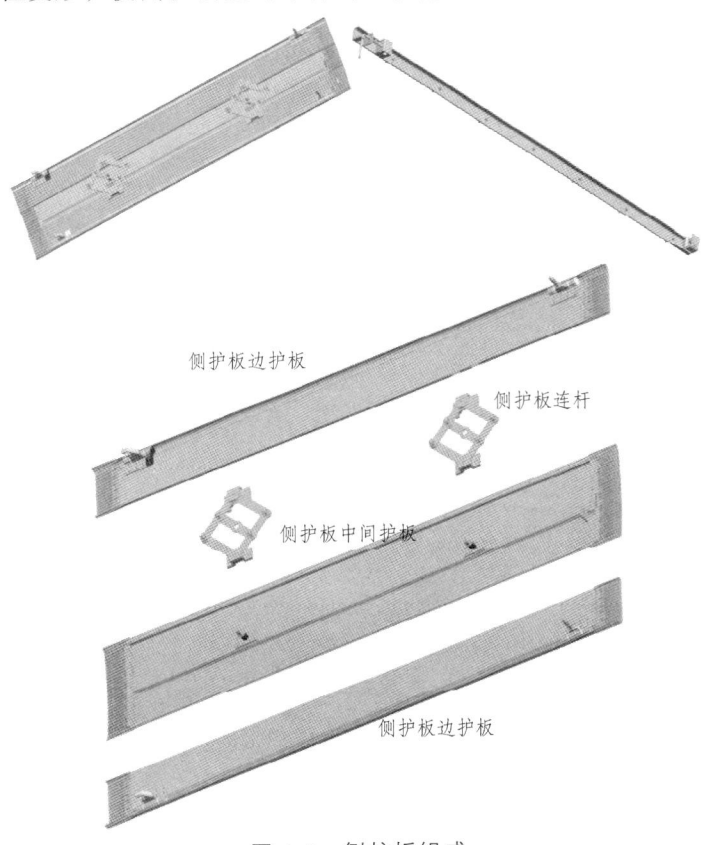

图 4-5　侧护板组成

4. 渡板组成

渡板组成由渡板体、折页、磨耗条、渡板连杆等组成（见图 4-6），渡板体由菱纹铝合金板制成，有防滑性能。渡板通过中间销孔与渡板连杆运动保持协调，通过锁闭装置确保其在运营中处于锁闭状态。渡板连杆安装在踏板支撑座上，确定渡板运动关系。

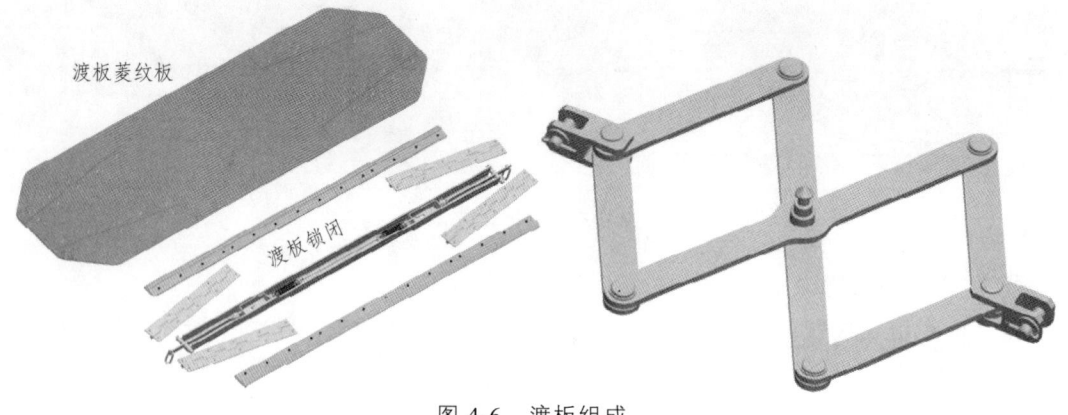

图 4-6 渡板组成

5. 踏板组成

踏板组成包括踏板前页、踏板支撑、踏板后页。其中，踏板支撑安装在车体端墙上，踏板后页安装在地板上，踏板前页安装在踏板支撑上。踏板由铝合金板制成，有防滑性能，如图 4-7 所示。

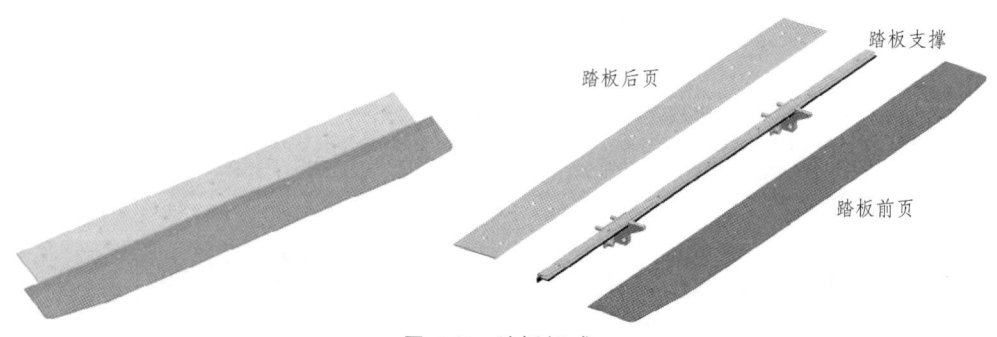

图 4-7 踏板组成

（二）贯通道检修作业

（1）目视检查折棚外观状态良好，折棚框无变形，棚布无脱线、无破损。

（2）目视检查踏板、渡板、侧护板、顶板，无变形、无破损，安装良好。

（3）拆卸顶板，检查各连接机构状态良好，顶板轴承加锂基润滑脂，顶板组装后确认安装良好。

（4）拆卸侧护板，检查侧护板、护板支座、护板连杆机构状态良好。侧护板组装后确认安装良好。

（5）拆卸渡板，渡板、踏板支撑安装紧固件无缺失、无松动、无错位。渡板导向圆柱头和安装孔无变形和异常磨耗。渡板槽型锁内部无异常磨损。渡板、踏板组装后确认安装良好。

(6)渡板导向圆柱头润滑。

(7)操作渡板下拉簧功能正常。目视检查磨耗板无破损、无变形,无严重磨损。

(8)目视检查折棚底部无积水、无杂物,折棚内部无积灰。

(9)目视检查侧护板蒙面布无破损。

(三)踏板/渡板更换

1. 踏板/渡板拆卸步骤

拆卸侧护板→拆卸渡板→拆卸渡板连杆→拆卸踏板组成→拆卸踏板后页。

(1)拆卸侧护板。

拆卸侧护板时,只需要拧动手柄,然后通过下部旋转支点,使侧护板成倾斜状,最后将侧护板完全拆卸,如图 4-8 所示。

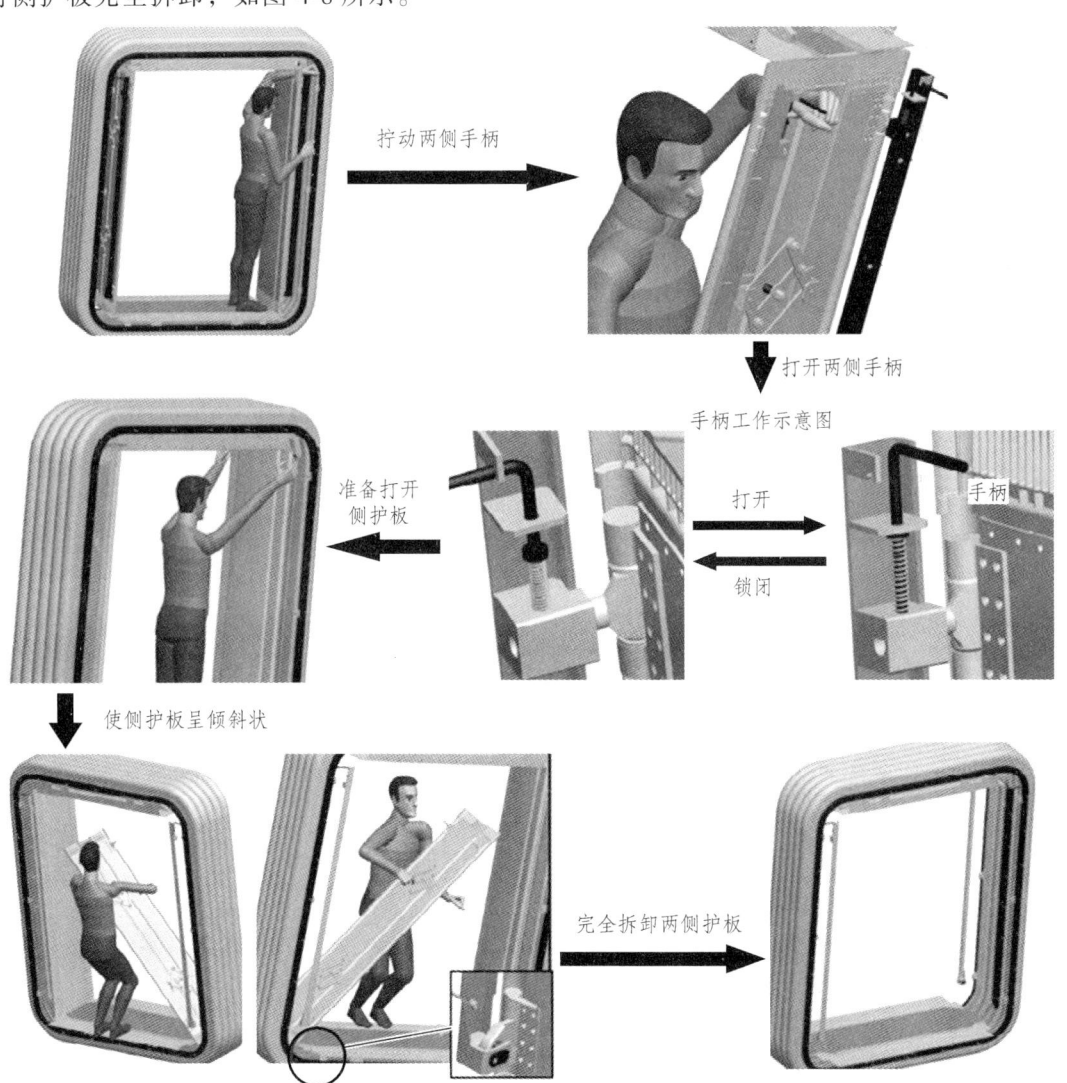

图 4-8　拆卸侧护板

（2）拆卸渡板。

拆卸渡板时，打开渡板锁闭机构，并将渡板卸下，如图4-9所示。

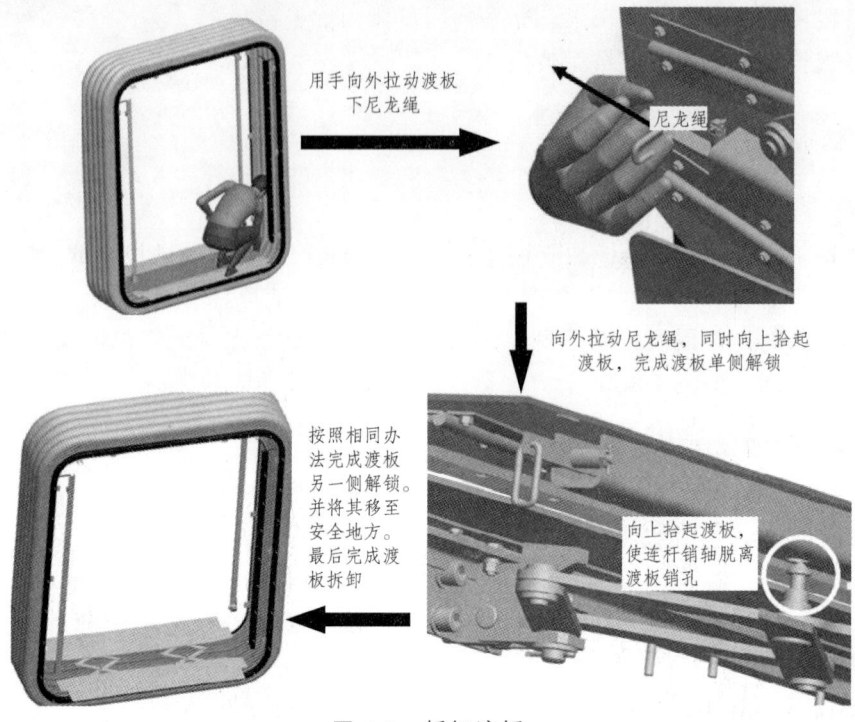

图4-9 拆卸渡板

（3）拆卸渡板连杆。

掀开踏板页，拆卸渡板连杆安装销轴，即可完成渡板连杆拆卸，如图4-10所示。

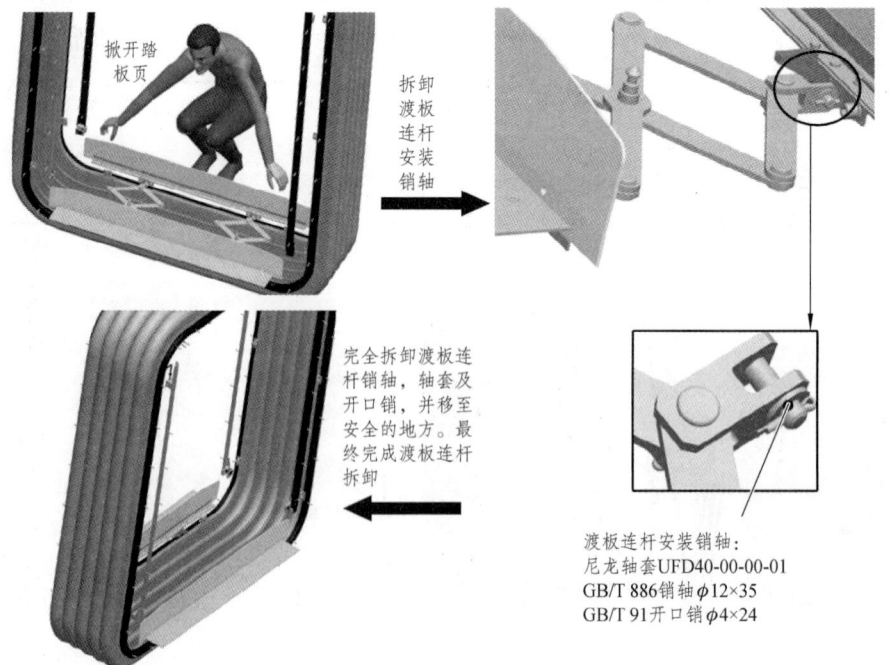

图4-10 拆卸渡板连杆

（4）拆卸踏板组成。

拆卸踏板组成时，掀开踏板页，拆卸踏板支撑座上的安装螺钉，即可完成踏板组成拆卸，如图 4-11 所示。

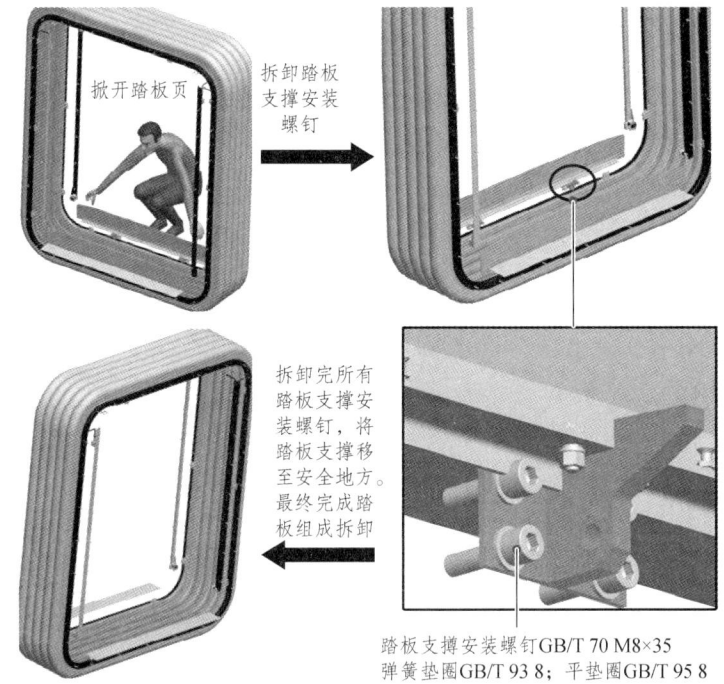

图 4-11　拆卸踏板组成

（5）拆卸踏板后页。

只需要拆卸其安装螺钉，即可完成踏板后页拆卸，如图 4-12 所示。

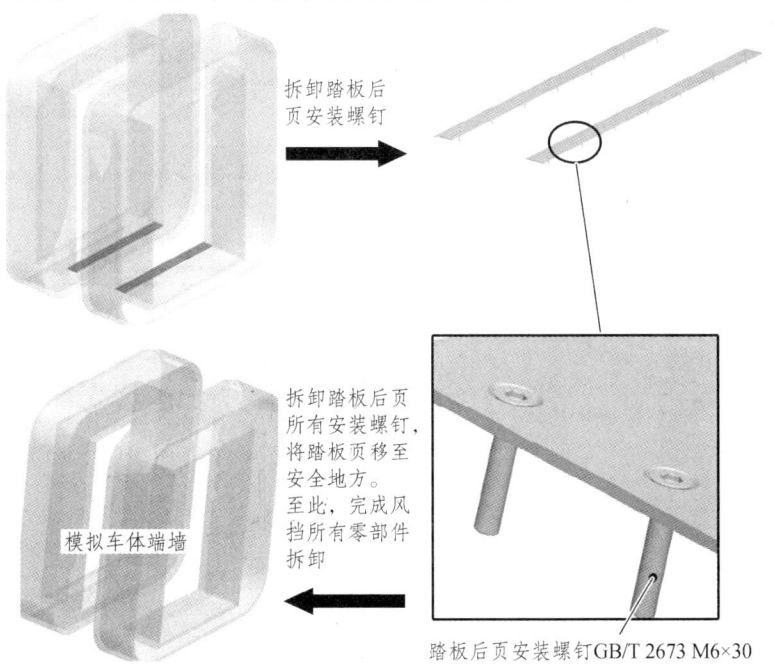

图 4-12　拆卸踏板后页

2. 踏板/渡板安装过程

安装踏板页→安装踏板组成→安装渡板连杆→安装渡板组成→安装侧护板。

（1）安装踏板后页。

准备踏板后页及安装螺钉，用内六角沉头螺钉将踏板后页固定在车体端墙上，并给螺钉打扭矩 5.1 N·m，如图 4-13 所示。

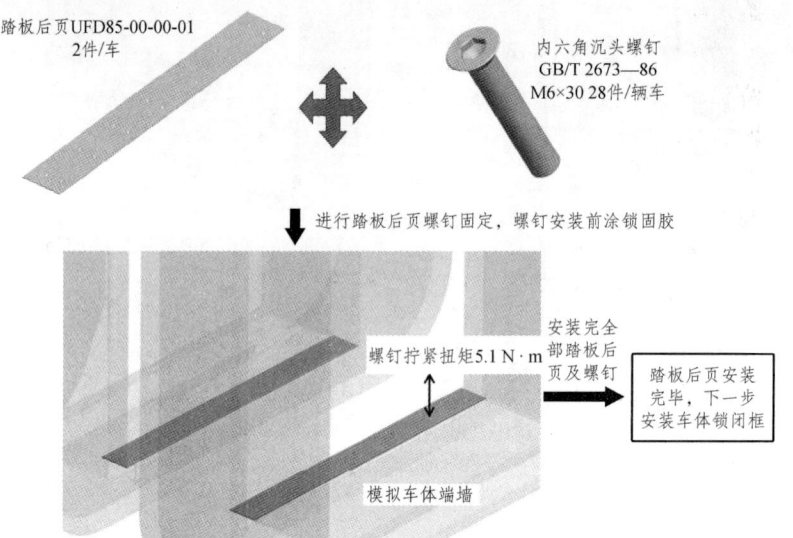

图 4-13　安装踏板后页

（2）安装踏板组成。

准备踏板组成及安装螺钉，用内六角沉头螺钉将踏板组成固定在车体端墙上，并给螺钉打扭矩 12.4 N·m，如图 4-14 所示。

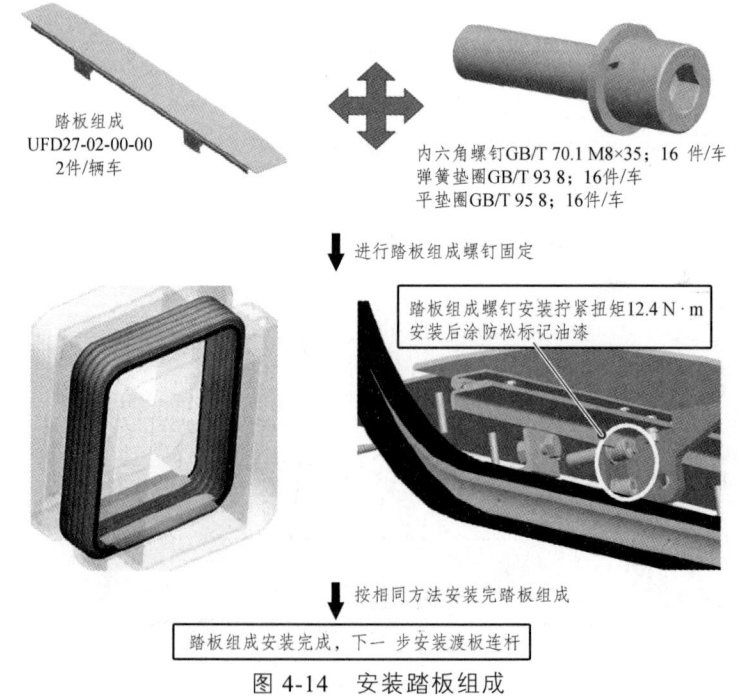

图 4-14　安装踏板组成

（3）安装渡板连杆。

准备渡板连杆、尼龙轴套、销轴及开口销，用销轴把渡板连杆固定在踏板组成上，并用开口销锁死销轴，如图4-15所示。

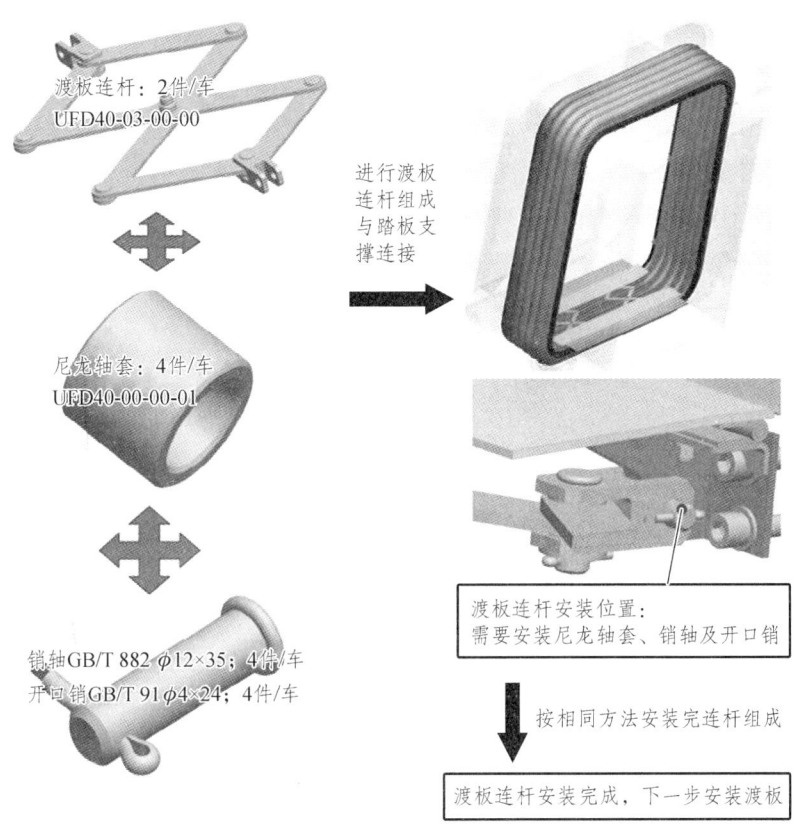

图4-15　安装渡板连杆

（4）安装渡板组成。

准备渡板组成，向外拉动渡板组成背面的尼龙绳，将渡板的销孔对准渡板连杆销轴，并使销轴完全进入销孔内，然后放下渡板，松开尼龙绳，完成渡板组成安装，如图4-16所示。

（5）安装侧护板。

准备侧护板，先将侧护板下端的支撑点放入安装支座的旋转支撑座内，立起侧护板，将侧护板上端支撑点压入锁槽内，并将锁柄打至锁闭位。组装完成后，检查锁闭情况，如图4-17所示。

3. 作业注意事项

安装完成后，验证并检查所有紧固件及连接件已按规定扭矩预紧，并使用螺纹锁固胶固结。渡板、踏板和侧护板均处于正确位置，踏板/渡板、侧护板锁闭良好。

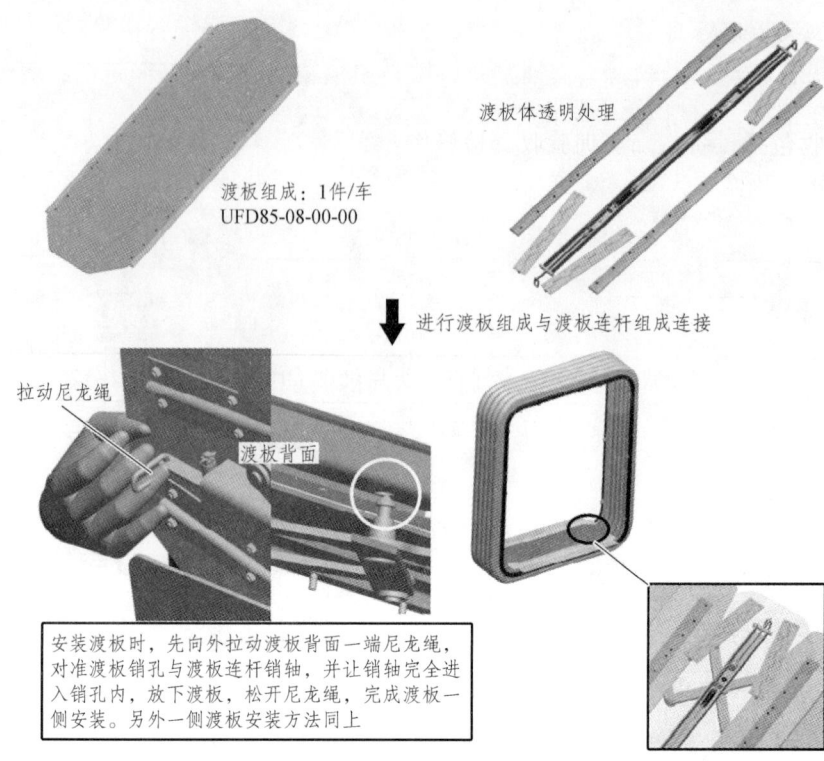

图 4-16 安装渡板组成

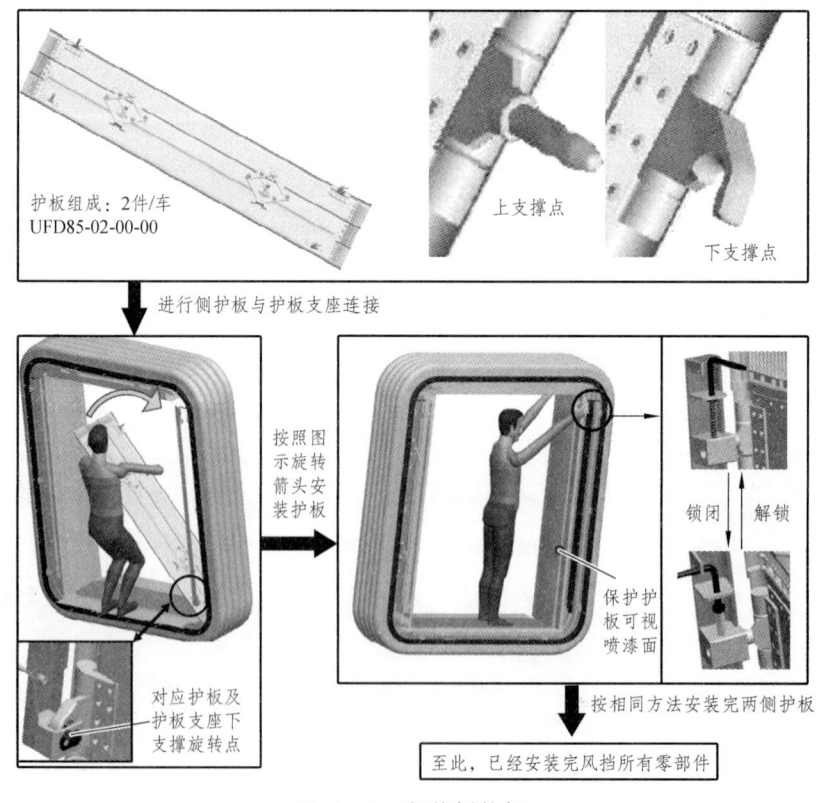

图 4-17 安装侧护板

五、实训验收

实训验收包括设备认知实训验收、检修作业实训验收和部件更换实训验收。每个实训验收为 100 分，及格分为 90 分。实训验收内容如表 4-1、表 4-2、表 4-3 所示。

表 4-1 设备认知实训验收表

班级：_____ 姓名：_____ 学号：_____ 日期：_____

序号	实训项点	分值	扣分	得分
1	手指风挡折棚组成（10 分），口呼风挡折棚组成（10 分）	20		
2	手指顶护板组成（10 分），口呼顶护板组成（10 分）	20		
3	手指侧护板组成（10 分），口呼侧护板组成（10 分）	20		
4	手指渡板组成（10 分），口呼渡板组成（10 分）	20		
5	手指踏板组成（10 分），口呼踏板组成（10 分）	20		
6	用时在 5 min 之内不扣分，每超过 1 min 扣 2 分	0		
	合计	100		

表 4-2 检修作业实训验收表

班级：_____ 姓名：_____ 学号：_____ 日期：_____

序号	实训项点	分值	扣分	得分
1	手指折棚进行外观检查（3 分），口呼外观状态良好，折棚框无变形，棚布无脱线、无破损（3 分）	6		
2	手指踏板、渡板、侧护板、顶板进行目视检查（3 分），口呼踏板、渡板、侧护板、顶板，无变形、无破损，安装良好（3 分）	6		
3	拆卸顶板，手指连接机构进行检查（6 分），口呼各连接机构状态良好（3 分）。口呼顶板轴承加锂基润滑脂（3 分）。顶板组装后（6 分），口呼安装良好（3 分）	21		
4	拆卸侧护板，手指检查部件（6 分），口呼侧护板、护板支座、护板连杆机构状态良好（3 分）	9		
5	拆卸渡板，手指检查部件（6 分），口呼渡板、踏板支撑安装紧固件无缺失、无松动、无错位（3 分）	9		
6	手指渡板导向圆柱头和安装孔（3 分），口呼渡板导向圆柱头和安装孔无变形和异常磨耗（3 分），口呼润滑渡板导向圆柱头（3 分）；手指渡板槽型锁（3 分），口呼渡板槽型锁内部无异常磨损（3 分）	15		
7	操作渡板下拉簧（6 分），口呼下拉簧功能正常（3 分）。手指磨耗板进行目视检查（3 分），口呼磨耗板无破损、无变形，无严重磨损（3 分）	15		
8	手指折棚底部进行目视检查（3 分），口呼折棚底部无积水、无杂物，折棚内部无积灰（3 分）	6		
9	手指侧护板蒙面布进行目视检查（3 分），口呼蒙面布无破损（3 分）	6		
10	组装渡板、踏板、侧护板（4 分），组装后口呼安装良好（3 分）	7		
11	用时在 20 min 之内不扣分，每超过 1 min 扣 2 分	0		
	合计	100		

表 4-3　部件更换实训验收

| 班级： | 姓名： | 学号： | 日期： |

序号	实训项点	分值	扣分	得分
1	口呼"拆卸侧护板"（2分），拆卸侧护板操作（8分）	10		
2	口呼"拆卸渡板"（2分），拆卸渡板操作（8分）	10		
3	口呼"拆卸渡板连杆"（2分），拆卸渡板连杆操作（8分）	10		
4	口呼"拆卸踏板组成"（2分），拆卸踏板组成操作（8分）	10		
5	口呼"拆卸踏板后页"（2分），拆卸踏板后页操作（8分）	10		
6	口呼"安装踏板后页"（2分），安装踏板后页操作（8分）	10		
7	口呼"安装踏板组成"（2分），安装踏板组成操作（8分）	10		
8	口呼"安装渡板连杆"（2分），安装渡板连杆操作（8分）	10		
9	口呼"安装渡板组成"（2分），安装渡板组成操作（8分）	10		
10	口呼"安装侧护板"（2分），安装侧护板操作（8分）	10		
11	用时在 30 min 之内不扣分，每超过 1 min 扣 2 分	0		
	合计	100		

六、思考题

1. 贯通道的主要功能是什么？
2. 贯通道主要包括哪些部件？
3. 拆卸顶板检查时存在哪些安全隐患？可以采取哪些措施避免伤人或损坏设备的事故发生？
4. 安装渡板组成时，有哪些操作可以确认渡板组成已经安装良好？
5. 踏板/渡板的拆卸和组装步骤是什么？
6. 更换踏板/渡板作业完成后需要检查哪些部件或功能？

实训五 制动控制装置检修

扫一扫获取
本实训彩图

一、实训目的

（1）熟悉制动控制装置的基本工作原理。
（2）熟悉制动控制装置的结构及各硬件设备。
（3）了解中继阀分解、组装的方法。
（4）了解拆卸/组装中继阀的操作流程。
（5）掌握常用工器具（抹布、棘轮扳手及套筒、扭矩扳手、尖嘴钳、镊子、画线笔、卡簧钳、一/十字螺丝刀）的使用方法。

二、实训原理

制动控制器由 32 位单片微机处理器进行数字演算处理方式，它配置于各车的制动控制装置（Brake Operating Unit），并以 Tc—Mp—M（1/2Tc—Mp、1/2Tc—M）的 3 辆为一个单元控制车辆制动时的制动力。制动控制构成如图 5-1 所示。

制动控制装置内根据空气弹簧压力 AS1、AS2 两点的压力传感器数值进行空电转换，向制动控制器输入电压信号。然后得出与满车、空车无关的稳定制动力。

M 车系的制动控制器得到常用制动指令，按照自车车重及 Tc 车的荷重信号演算出所需制动力（1M+1/2T），并将必要的制动力以电制动指令信号输出给主回路装置（VVVF）。

同时，接收到来自 VVVF 的电制动有效信号，并以其为前提进行电空演算，将不足的制动力以空气制动力的模式控制自车的电空转换中继阀，同时向 Tc 车传送出减算指令。

检测各车轴速度，一旦检测到滑行，即通过压力控制阀（PCV）使制动缸内压力下降，使滑行车轮恢复黏着。

作为监视机能，制动时检测制动缸内的压力，当压力没有达到规定压力时，各车均提高制动力以补足控制。

三、实训准备

（一）健康情况及知识要求

（1）实训人员的身体状况、精神状态良好。
（2）实训人员必须具备必要的车辆构造、检修相关知识。
（3）实训人员必须具备使用车辆检修常用工器具的相关知识。

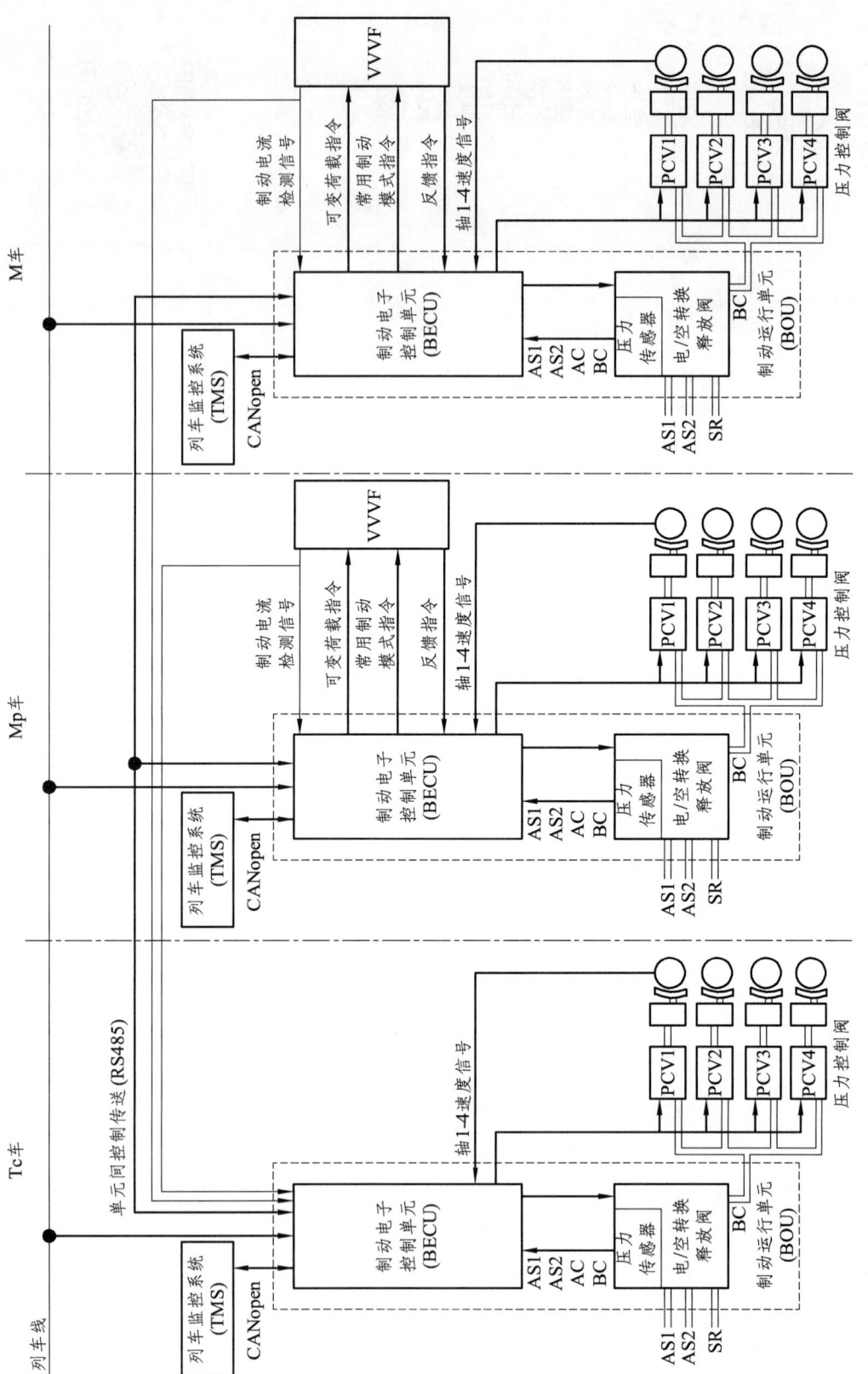

图 5-1 制动控制构成框图

（二）安全要求

（1）实训人员按照实训室要求穿戴安全帽、工作服、护趾鞋等劳保用品。
（2）实训前必须开启实训室照明设备，保障实训时有足够亮度。
（3）实训时不允许穿凉鞋拖鞋、裙子、短裤，长发按要求束发。
（4）实训人员必须在安全区，未经现场实训老师同意不得进入设备区触摸或操作任何设备。

（三）实训设备

实训设备是制动控制装置培训平台，如图 5-2 所示。该平台主要用于电客车的制动控制装置培训，主要目的是培训学员，提高他们的检修水平。该平台可通过实物和课件等方式对学员进行制动控制系统的结构、功能认知教学。能让学员清楚了解该设备每个部分的结构功能，加深学员对制动控制系统的认识，并能快速掌握检修技能，提高检修水平。

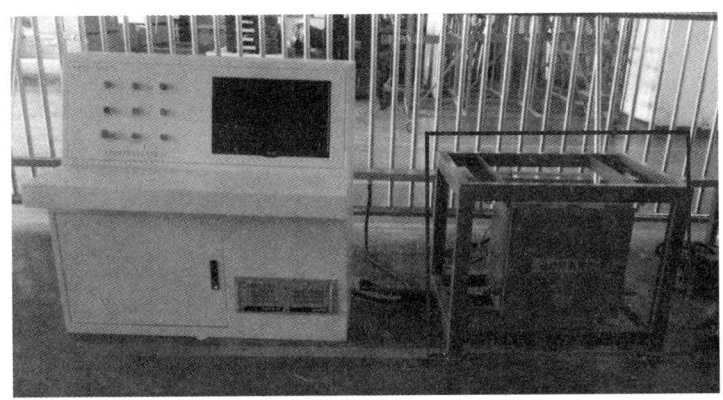

图 5-2　制动控制装置培训平台

（四）工器具

抹布、棘轮扳手及套筒、扭矩扳手、尖嘴钳、镊子、画线笔、卡簧钳、一/十字螺丝刀。

（五）实训时长及人数

（1）实训时长：4 课时（分 2 次，每次 2 课时）。
（2）每次实训容纳人数：10 人左右。

四、实训步骤

（一）认识制动控制装置

制动控制装置主要由箱体、制动控制器、电空转换中继阀组成。

1. 制动控制装置箱体

制动控制装置箱体通过螺栓固定在车底，如图 5-3 所示。

图 5-3 制动控制装置

2. 制动控制器

制动控制器配置于制动控制装置内。制动控制器内部由 3 块不同机能的印刷电路板单元构成：电源及接口回路板、微机回路板、表示器回路板。各回路板间由连接器进行电气连接，各回路板前面的连接器与安装连接器相连。制动控制器前面的表示板上有各种开关、LED 表示器，并由设定旋钮进行制动控制器控制情报的显示，非常便于使用，如图 5-4 所示。

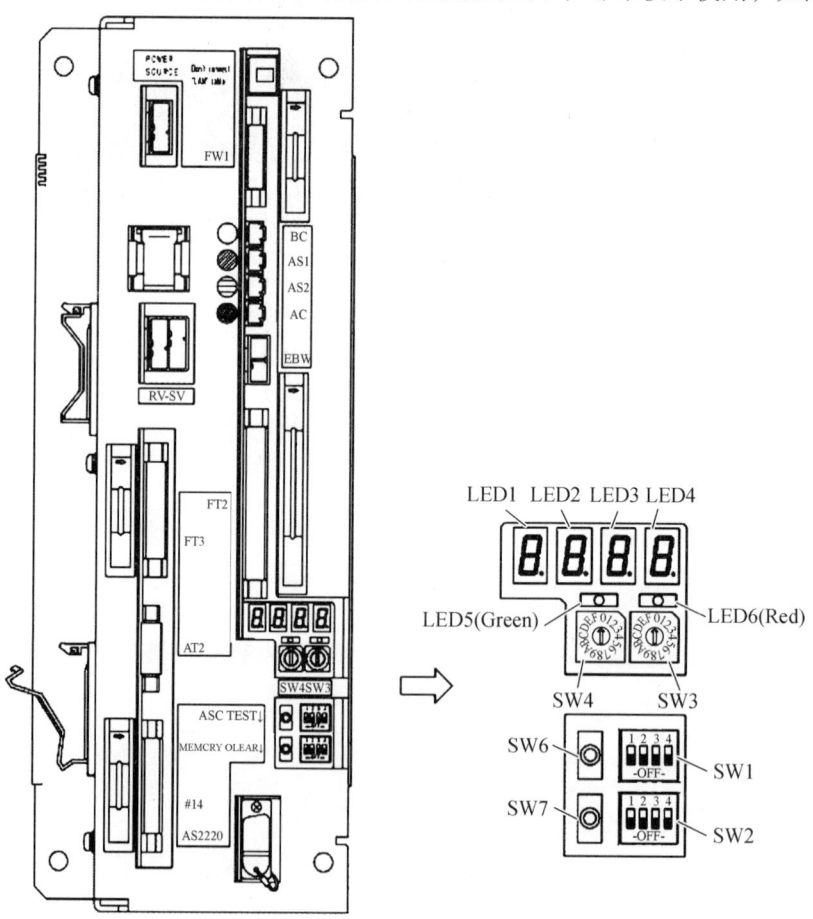

SW1，SW2—4 极滑键开关；SW3，SW4—旋钮开关；SW5，SW6—跳动式小开关。

图 5-4 制动控制器

3. 电空转换中继阀（EPRV）

电空转换中继阀是为了实现小型化、轻量化，将用于控制空气制动的中继阀、空重车调节阀、常用控制阀、紧急电磁阀、压力传感器集约单元化的产品。

中继阀依据来自常用控制阀或紧急电磁阀的指令空气压力，向制动缸提供压缩空气或排出制动缸的压缩空气。空重车调节阀向紧急电磁阀提供对应于空气弹簧的空气压力（车辆载重）的压缩空气。各压力传感器将各部分的空气压力转换为电信号。图 5-5 为电空转换中继阀的内部气路图。

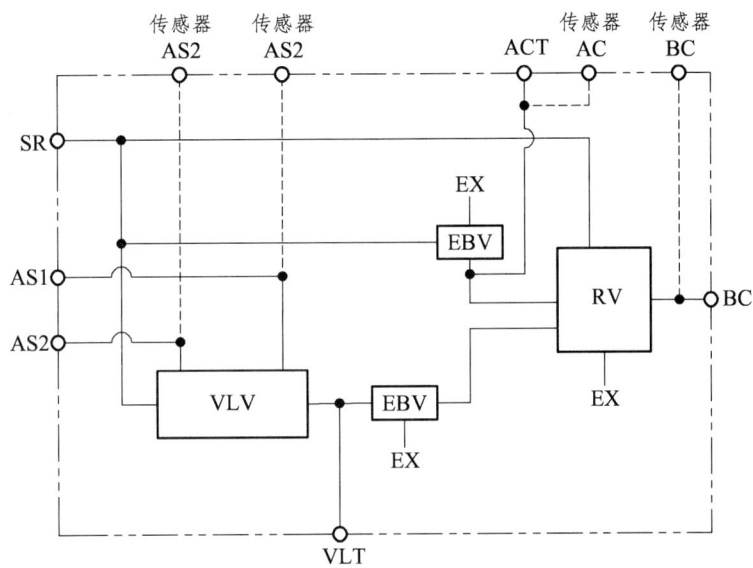

符号	说明
AS	空气弹簧
BC	制动缸
EBV	紧急电磁阀
EX	排气
RV	中继阀
SBV	常用控制阀
SR	供气风缸
VLV	空重车调节阀

图 5-5　电空转换中继阀内部气路图

（1）中继阀（RV）。

中继阀为基于平膜片工作的自动重叠式阀。在制动作用中，依据指令空气压力向制动缸提供压缩空气或排出制动缸内的压缩空气。

（2）空重车调节阀（VLV）。

空重车调节阀用于依据车辆载重将制动率调整为定值的空重车调节控制。即使因空气弹簧漏气等原因使空气弹簧内压消失时，空重车调节阀也能确保一定的制动缸压力（可调整）。另外，它还具有可从外部调整空车空气弹簧压力及增压比的功能。

（3）常用控制阀（SBV）。

常用控制阀通过两个电磁阀的接通/断开而形成供气、重叠、排气等3个位置，用以控制中继阀指令压力（AC压力）。常用控制阀由壳体、线圈罩、铁芯、电磁芯杆、线圈、O形圈及弹簧等零部件组成，主要部件全部被壳体和线圈罩覆盖。

（4）紧急电磁阀（EBV）。

紧急电磁阀是小型、轻量的ON/OFF型电磁阀。紧急电磁阀由壳体、铁芯、电磁芯杆、线圈、线圈罩、O形圈、弹簧等组成，主要部件全部被壳体和线圈罩覆盖。

（二）电空转换中继阀（EPRV）拆卸/组装

1. 拆解（见图5-6）

（1）拆下环形密封垫（141、142、143）。

（2）拧下M12螺母（180），拆下平垫圈（182）及底盖（170）。

（3）将活塞（173）从供排气阀杆（172）拔出，拆下下膜片（135）。

（4）拆下中间壳体（168），从中间壳体（168）拆下O形圈（119）。

（5）将供排气阀杆（172）从壳体（186）拔出，拆下3个O形圈（124）及上膜片（135）。

（6）拆下弹簧（131）。

（7）从壳体（186）拆下挡圈（110），拔出供气阀导承（175），拆下O形圈（125）。

（8）拔出供气阀（140），拆下O形圈（123）及弹簧（130）。

2. 组　装

按与拆解时相反的顺序进行组装。注意以下几点：

（1）在O形圈（123、124、125）、膜片嵌合部位、弹簧的两端面及滑动部位薄薄地涂抹一层DYNAMAX No.2（COSMO石油）润滑脂或同等品。但是装入中间壳体（168）或壳体（186）的O形圈（119）上不得涂润滑脂。

（2）将膜片嵌装在壳体时，应注意不要使其被咬住而破损。

（3）嵌装膜片时应注意不要弄错嵌装方向，如图5-7所示。

（4）应注意不要划伤橡胶件与阀座接合面。

（5）如有涂层剥落部位，应补漆。

（6）螺栓、螺母的拧紧力矩为（43.1±1.5）N·m（M12）。

（7）螺栓、螺母画防松线。

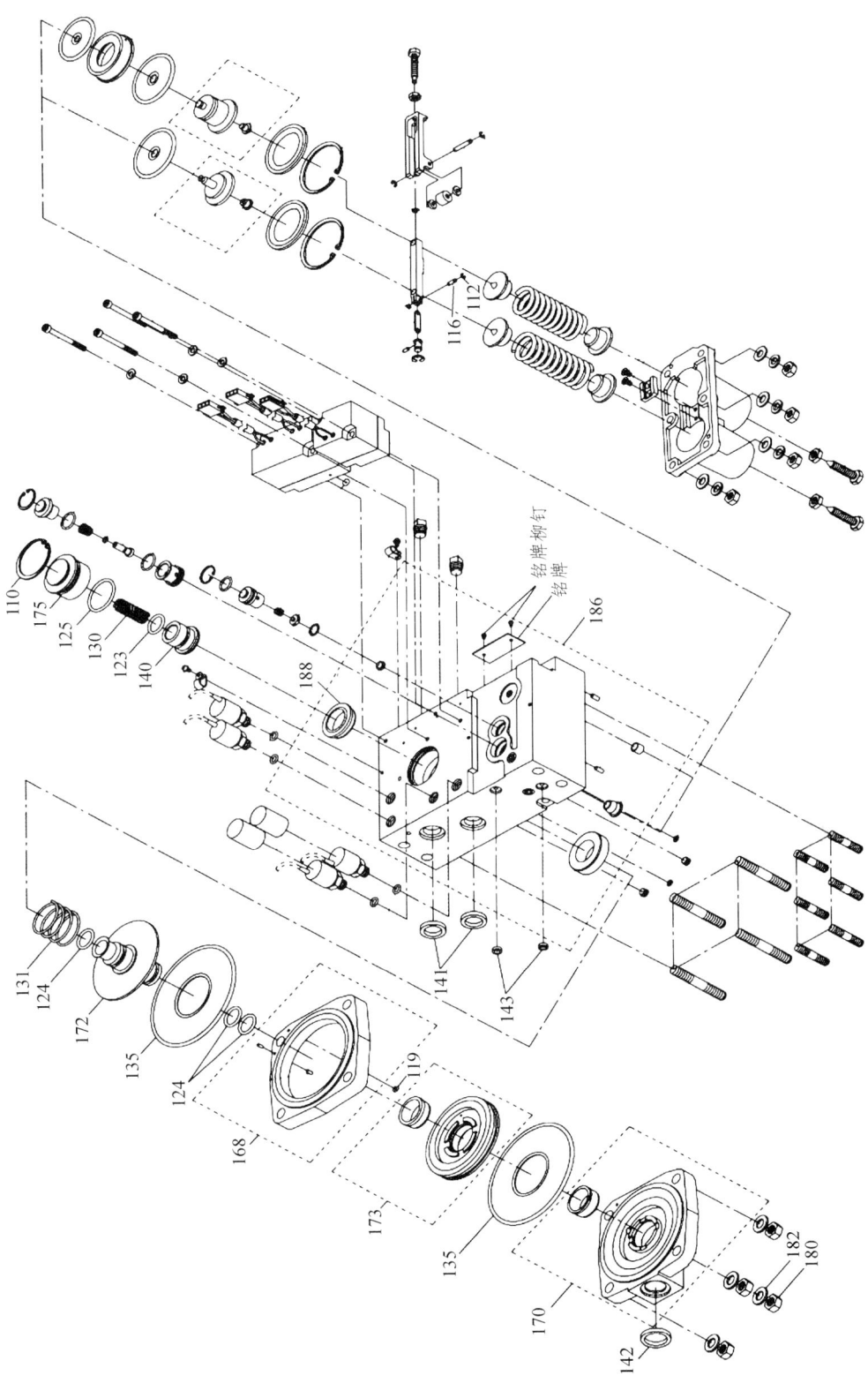

图 5-6 电空转换中继阀（EPRV）爆炸图

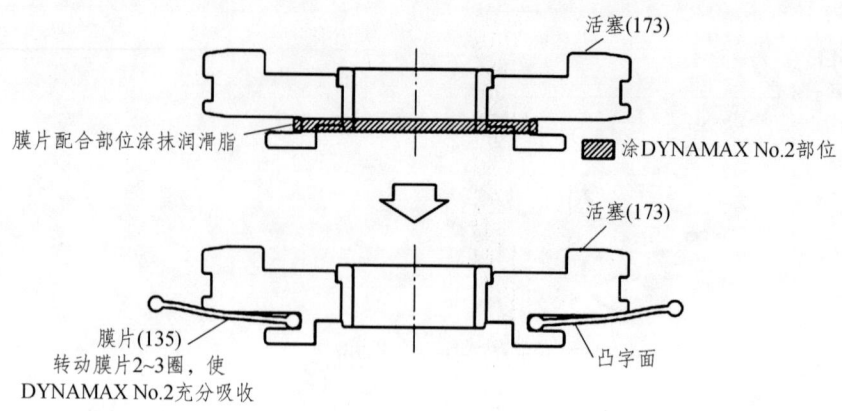

（a）活塞（173）

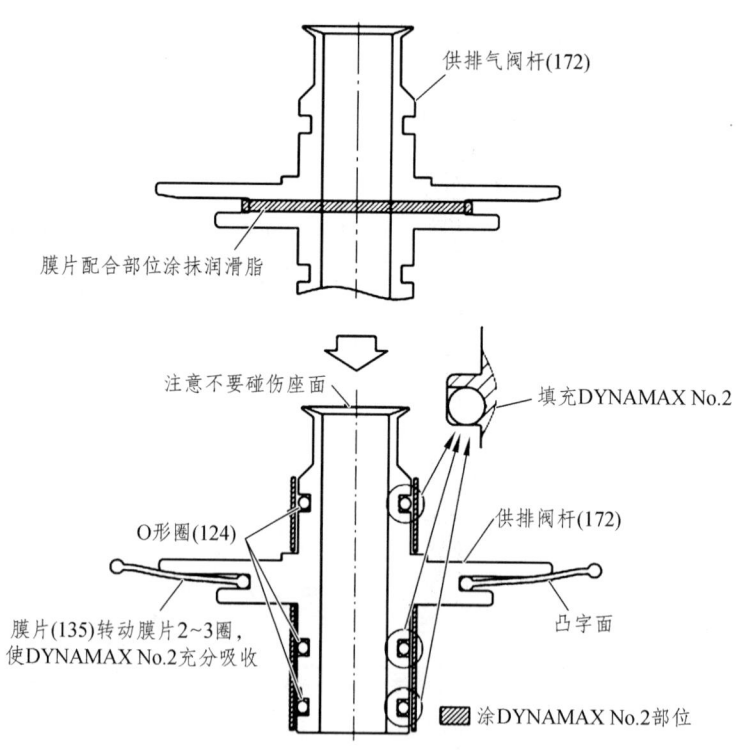

（b）供排气阀杆（172）

图 5-7　膜片装配注意事项（中继阀）

五、实训验收

实训验收包括设备认知实训验收和部件拆装实训验收。每个实训验收为 100 分，及格分为 90 分。实训验收内容如表 5-1、表 5-2 所示。

表 5-1 设备认知实训验收表

班级：	姓名：	学号：	日期：		
序号	实训项点		分值	扣分	得分
1	手指制动控制装置箱体（8分），口呼制动控制装置箱体（8分）		16		
2	制动控制装置检查罩板，手指制动控制器（8分），口呼制动控制器（8分）		16		
3	手指电空转换中继阀（8分），口呼电空转换中继阀（8分）		16		
4	手指中继阀（7分），口呼中继阀（6分）		13		
5	手指空重车调节阀（7分），口呼空重车调节阀（6分）		13		
6	手指常用控制阀（7分），口呼常用控制阀（6分）		13		
7	手指紧急电磁阀（7分），口呼紧急电磁阀（6分）		13		
8	用时在 5 min 之内不扣分，每超过 1 min 扣 2 分		0		
	合计		100		

表 5-2 部件拆装实训验收表

班级：	姓名：	学号：	日期：		
序号	实训项点		分值	扣分	得分
1	操作及口呼拆下环形密封垫，共 3 处 5 个密封垫。拆卸密封垫（8分）		8		
2	操作及口呼拧下 M12 螺母，拆下平垫圈及底盖，螺母和平垫圈各 4 个（8分）		8		
3	操作及口呼拔出活塞，拆下下膜片（8分）		8		
4	操作及口呼拆下中间壳体，从壳体拆下 O 形圈（8分）		8		
5	操作及口呼拔出供排气阀杆，拆下 3 个 O 形圈及上膜片（8分）		8		
6	操作及口呼拆下弹簧（8分）		8		
7	操作及口呼拆下挡圈，拔出供气阀导承，拆下 O 形圈（8分）		8		
8	操作及口呼拔出供气阀，拆下 O 形圈及弹簧（8分）		8		
9	按照与拆解时相反的顺序进行组装（10分）		10		
10	口呼膜片嵌装时，不要使其被咬住而破损，不要弄错嵌装方向（5分）		5		
11	口呼组装时，不要划伤橡胶件与阀座结合面（5分）		5		
12	操作及口呼用扭矩扳手将 M12 螺母打 43 N·m 扭力（8分）		8		
13	操作及口呼螺栓、螺母画防松线（8分）		8		
14	用时在 20 min 之内不扣分，每超过 1 min 扣 2 分		0		
	合计		100		

注：对于有操作及口呼的实训项点，操作和口呼各 4 分。

六、思考题

1. 制动控制装置主要包括哪些部件？
2. 电空转换中继阀主要组成部件包括哪些？
3. 拆卸 M12 螺母（180）时，使用的工器具是棘轮扳手还是扭力扳手？为什么？
4. 如果组装中继阀时嵌装膜片方向错误会有哪些影响？

实训六 受电弓检修

扫一扫获取
本实训彩图

一、实训目的

（1）认识受电弓的组成。
（2）掌握受电弓的工作原理。
（3）了解既有线路受电弓的检修工作内容。
（4）掌握既有线路受电弓的检修工作方法。
（5）会拆卸/安装受电弓的碳滑板。

二、实训原理

TSG18B 型受电弓（见图 6-1）为单臂式受电弓，由框架、气囊升弓装置和弓头等结构组成，具有占用车顶空间小、质量小、弓头归算质量小（弓头归算质量小有利于受流和适应更高的运行速度）等特点。

图 6-1　TSG18B 型受电弓

TSG18B 受电弓是一种通过空气回路控制升、降动作的铰接式机械构件。这种类型的受电弓主要应用于城轨车辆，通过支持绝缘子安装于车顶，并通过弓头上的碳滑板与供电网线接触。接触网的电流首先由碳滑板流入受电弓弓头，然后依次经过上框架、下臂杆后流入底架，最后经连接在受电弓底架上的车顶母线导入车辆电气系统。在"工作"位置上，受电弓在车顶的部分都处于带电状态。

该型受电弓通过电磁阀操纵气路，控制气囊装置来实现升弓和降弓（见图 6-2）。该控制气路能保证：受电弓有规律地无振动升起，直至达到最大工作高度；从受电弓弓头开始上升算起，在不大于 10 s 内能无异常冲击地抵达接触网线；由任意高度降弓（包括工作区间内的快速降弓），使受电弓免受损坏。

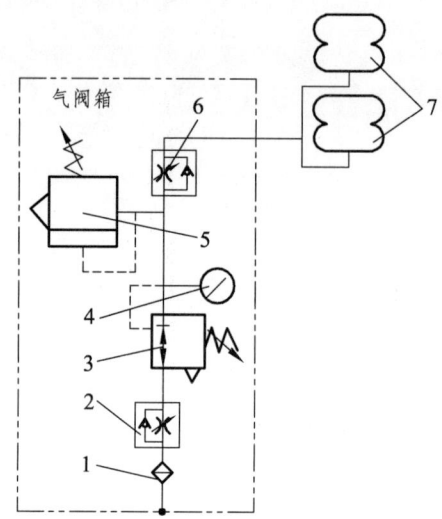

1—空气过滤阀；2，6—单向节流阀；3—精密调压阀；4—压力表；5—安全阀；7—升弓气囊。

图 6-2　受电弓气路工作原理

司机按下受电弓升弓按钮后，受电弓供风单元内的升弓电磁阀得电动作，向受电弓供压缩空气。压缩空气经过车内的管路、车顶的受电弓绝缘软管，进入受电弓底架上的气阀箱。进入气阀箱的压缩空气依次经过空气过滤阀（1）、单向节流阀（2）、精密调压阀（3）、单向节流阀（6）、安全阀（5）后，分为两条支路分别向受电弓的两个升弓气囊（7）供气。压缩空气进入升弓气囊后，气囊膨胀抬升，抬升的气囊带动钢丝绳拉拽下臂杆，使下臂杆转动，从而实现受电弓逐渐升起，直到受电弓弓头与网线接触并保持规定的静态接触压力。此时，升弓气囊中的气压稳定在气阀箱精密调压阀的设定值。受电弓工作时，升弓气囊被持续供以压缩空气，弓头与接触网之间的接触压力保持基本恒定。

司机在按下降弓按钮后，升弓电磁阀失电，向受电弓供应的压缩空气被切断。同时，升弓电磁阀将受电弓气路与大气连通，气囊升弓装置排气，受电弓靠自重下降，直到顶管降下并保持在底架的两个橡胶止挡上，如图 6-3 所示。

图 6-3　橡胶止挡

为保证受电弓正常的工作，需要定期对受电弓的各个部件进行检查与维护。受电弓检修作业分为日常检修与故障维修，日常检修是按不同部件的寿命、使用环境、故障率等情况进行合理的周期规划检修；故障维修则是在部件发生问题时进行维修。

三、实训准备

（一）健康情况及知识要求

（1）实训人员的身体状况、精神状态良好。
（2）实训人员必须具备必要的车辆构造相关知识。

（二）安全要求

（1）实训人员按照实训室要求穿戴安全帽、工作服、护趾鞋等劳保用品。
（2）实训前必须开启实训室照明设备，保障实训时有足够亮度。
（3）实训时不允许穿凉鞋、拖鞋、裙子、短裤，长发按要求束发。
（4）实训人员必须在安全区，未经现场实训老师同意不得进入设备区触摸或操作任何设备。

（三）实训设备

本实训的实训设备是受电弓培训平台。通过对该培训平台的操作，能够对受电弓的动作、性能及主要参数进行检测；能模拟并且能设置受电弓的常见故障，学员可通过平台进行简单故障处理；可模拟受电弓的工作状态，达到对受电弓系统进行培训和教学的目的；可实现受电弓整体气密性测试、降弓静态压力测试、升弓静态压力测试、升降弓时间测试、受电弓故障模拟等。

（四）工器具

（1）拉力计、塞尺、钢板尺、秒表、毛刷、游标卡尺、毛巾。
（2）ND-310水溶液或酒精。

（五）实训时长及人数

（1）实训时长：6课时（分3次，每次2课时）。
（2）每次实训容纳人数：10人左右。

四、实训步骤

（一）受电弓结构认识

1. 绝缘子组装

TSG18B型受电弓安装有4个支持绝缘子。

绝缘子（见图6-4）采用硅橡胶材料制成，具有很高的绝缘等级和机械强度，它通过一个 M16×35 螺栓及 M16 弹簧接触垫圈将其与受电弓底架连接。支持绝缘子有两个功能：① 对带电的受电弓与相连接的车顶进行电隔离；② 使受电弓同车顶进行机械连接。

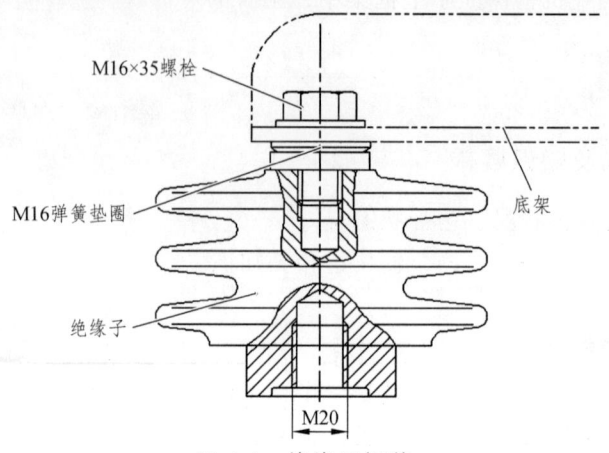

图 6-4 绝缘子组装

安装时，在绝缘子与受电弓之间采用球形垫圈调平受电弓安装面，从而保证受电弓安装在一个相对水平的平面上。

使用时，绝缘子应保持清洁，无裂纹或碰痕。

2. 底架组装

受电弓底架（见图6-5）是一个由矩形钢管焊接而成的口字形钢结构，在受电弓的升降过程中，底架是不运动的，它只是起固定支撑作用。底架上的电流接线板是受电弓对外的电接口，它采用不锈钢材料制成。支撑架上 $\phi18$ mm 的通孔用于安装支持绝缘子的安装螺钉 M16×35；支撑板上安装有受电弓对外的气路接口，它采用不锈钢材料制成。

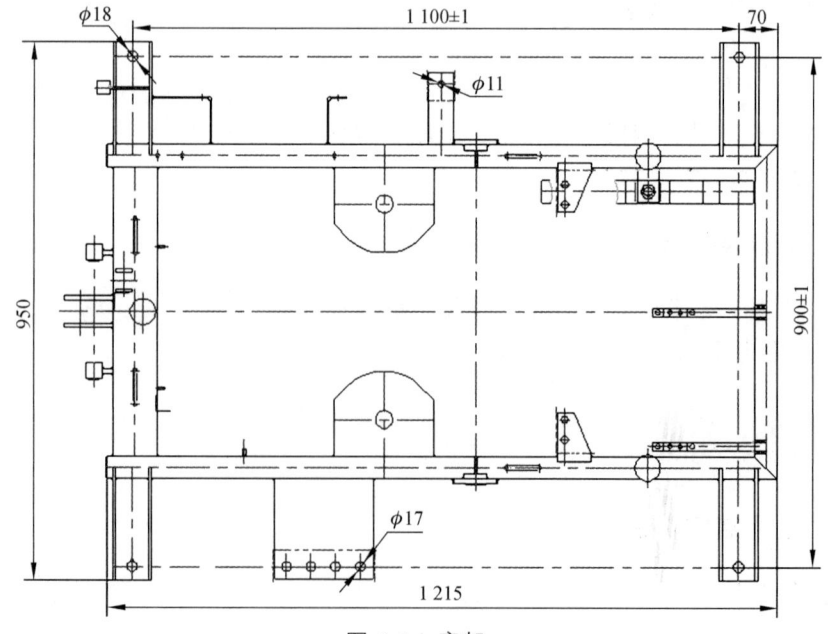

图 6-5 底架

3. 铰链系统

铰链系统包括下臂杆组装、上框架组装和拉杆组装。铰链系统与底架一起构成了受电弓的四杆机构，该四杆机构保证了上框架中，顶管的运动轨迹呈一条近似铅垂的直线。

4. 下臂杆组装

下臂杆（见图 6-6）是由无缝钢管组焊而成的工字形钢结构，在底架轴承管上焊接有连接升弓气囊和阻尼器的扇形调整板，肘接轴承管上焊接有平衡杆连接块。下臂杆的两端分别与底架和上框架采用轴承连接，与底架连接的轴承安装在下臂杆的底架轴承管内，与上框架连接的轴承安装在下臂杆的肘接轴承管内。所使用的轴承具有良好密封能力，而且在其使用期内免维护。受电弓升降弓运动时下臂杆绕着底架上的固定点做圆周运动。

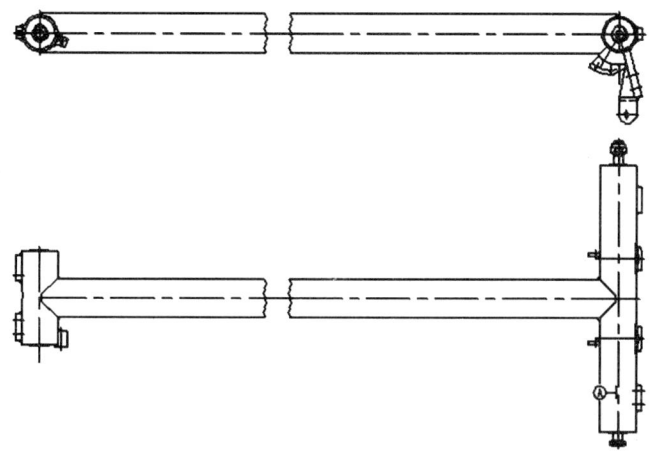

图 6-6 下臂杆

5. 上框架组装

上框架（见图 6-7）是由顶管、阶梯铝管和肘接处的连接管组焊而成的铝合金框架结构。上框架上安装有对角线杆，用于增加上框架的刚度。上框架通过轴承分别与拉杆、下臂杆及弓头连接。上框架的这种设计减轻了受电弓的整体质量，提高受电弓的弓网跟随性。

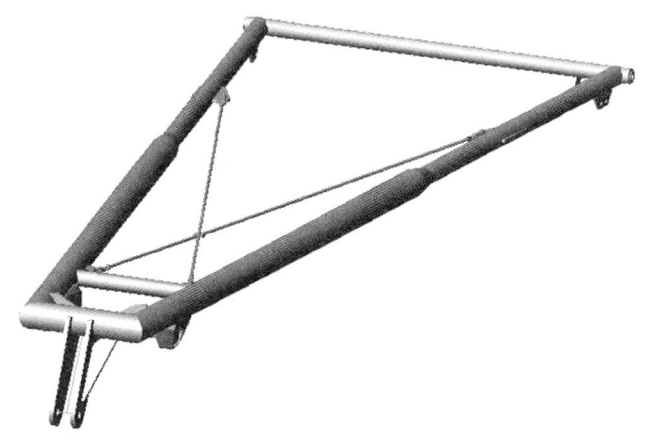

图 6-7 上框架

6. 拉杆组装

拉杆（见图6-8）构成四杆机构的闭环。可以通过调节拉杆上螺母和螺杆的相对位置来改变拉杆长度，从而实现对四杆机构的几何尺寸进行调整以修正偏差。

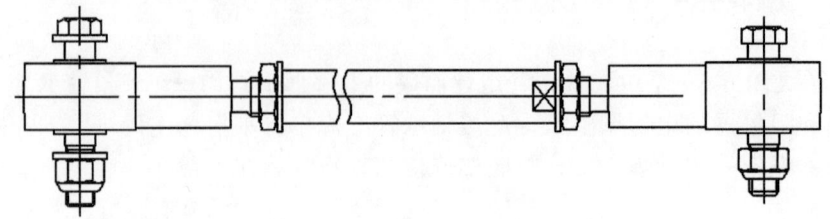

图6-8 拉杆

7. 电流连接组装

电流连接组装分为弓头电流连接组装、肘接电流连接组装和底架电流连接组装，如图6-9所示。

弓头电流连接组装将网线上的电流由弓头导流至上框架，从而使电流绕过了顶管内的轴承和弓头悬挂装置上的橡胶弹簧元件，以避免轴承和橡胶弹簧元件因大的温升导致损坏。

肘接电流连接组装保护安装于肘接轴承管内的轴承，底架电流连接组装保护安装于底架轴承管内的轴承。

（a）弓头电流连接组装　　（b）肘接电流连接组装　　（c）底架电流连接组装

图6-9 电流连接组装

8. 弓头组装

弓头是与供电网线直接接触的部件。为保证弓头与供电网线能够保持良好的恒定接触，弓头具有尽可能小的惯性质量。

如图6-10所示，弓头分两部分：与网线接触的部分和与上框架连接的部分。前者主要包括滑板、弓角；后者主要包括弓头悬挂装置。弓头悬挂装置的应用使得弓头具有一定的自由度，同时弓头集电时，弓头与网线之间的高频振动可以通过弓头悬挂装置吸收缓冲。

弓角位于弓头端部，用来保证接触线与弓头的平滑过渡。

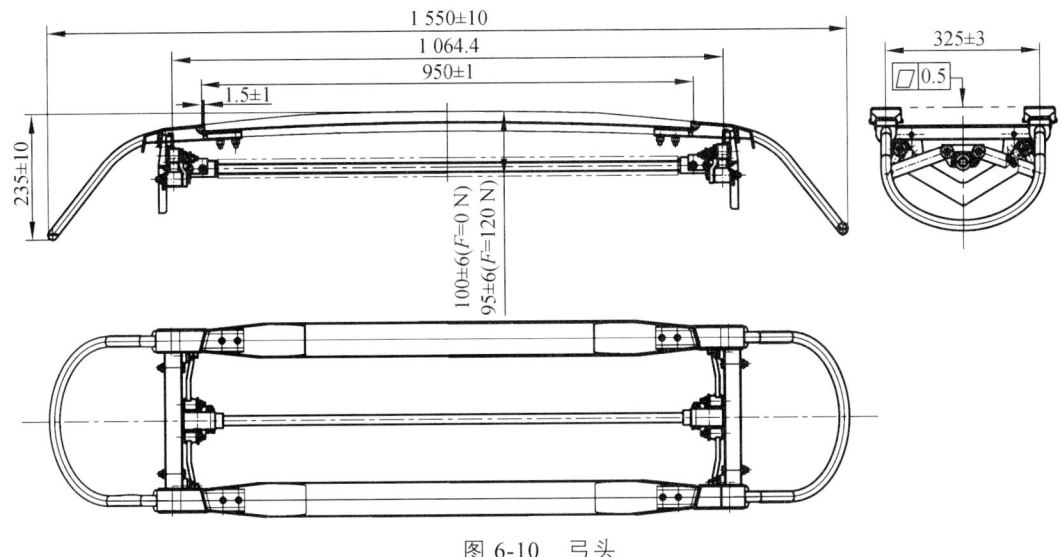

图 6-10 弓头

如图 6-11 所示，弓头悬挂装置由两组呈 V 形排列的橡胶弹簧元件和导杆组焊组成，橡胶弹簧元件安装在弓角的连接板上，导杆组焊安装在弓头转轴的末端，两组之间通过弓头转轴连接。弓头转轴由压入上框架顶管内的免维护粉末冶金衬套支撑。橡胶弹簧元件是免维护的，它的弹性可以对弓头的运动进行误差补偿，并且吸收弓头的侧向振动。

图 6-11 弓头悬挂装置

9. 平衡杆组装

平衡杆组装主要由平衡杆导杆和止挡杆组焊组成。平衡杆导杆一端与下臂杆上的平衡杆连接块连接，另一端与上框架连接，如图 6-12 所示。

图 6-12 平衡杆

弓头具有一定的自由度，可以绕弓头转轴自由地摆动。在运行过程中，弓头将通过接触线使其保持在正确的工作姿态，而在升降弓过程中，由于有平衡杆的作用，避免了弓头的翻转。

10. 升弓装置组装

受电弓升弓时所需的升弓转矩及升起后与网线间的接触压力是由两个充满压缩空气的气囊（3）、与气囊连接并被拉伸的钢丝绳（2）和紧固在下臂杆上的扇形调整板（4）产生（见图6-13）。

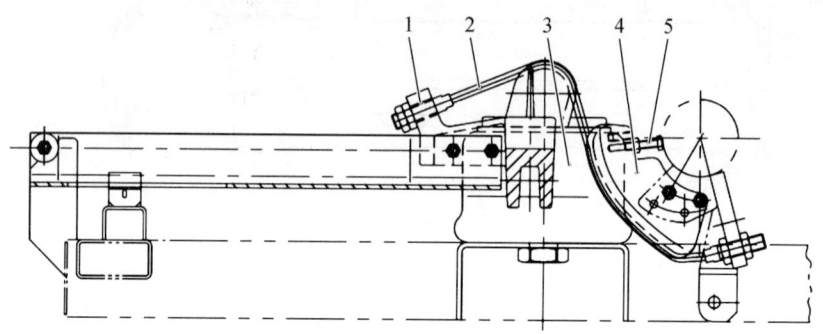

1—钢丝绳安装架；2—钢丝绳；3—气囊；4—扇形调整板；5—止动螺钉。

图6-13 升弓装置组装

11. 阻尼器组装

受电弓阻尼器一头安装在底架上，另一头与受电弓下臂杆连接，在受电弓的下降过程中起缓冲的作用，以避免受电弓降弓时对底架上的部件造成冲击损坏，如图6-14所示。阻尼器在受电弓出厂时已经设定好，不允许调整。

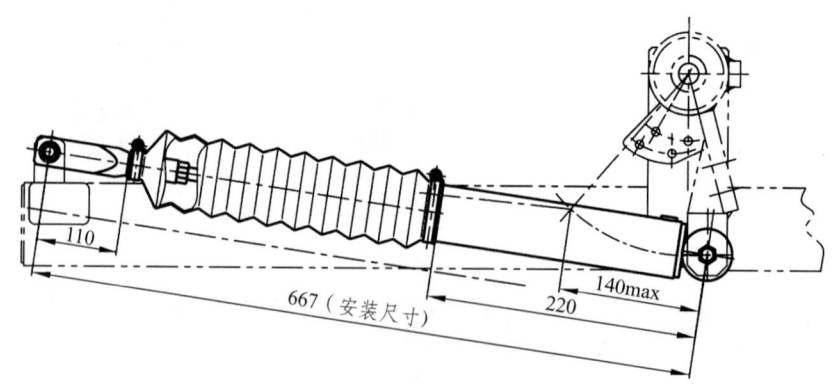

图6-14 阻尼器组装

12. 降弓位置指示器

电感式降弓位置指示器（见图6-15）的电感应器（1）用两个自带非金属螺母安装在受电弓底架的绝缘安装板（2）上，正对着上框架顶管上的感应板组焊（5）。受电弓组装过程中，需将降弓位置指示器与被感应金属间距调整到5~10 mm。调试时，通过在规定范围内的调整来保证降弓位置指示器正常工作。受电弓降弓时，感应板组焊进入电感应器的感应范围，电感应器自动闭合，给出受电弓降弓到位信号；升弓时，感应板组焊超出电感应器的感应范围，电感应器断开，给出升弓信号。

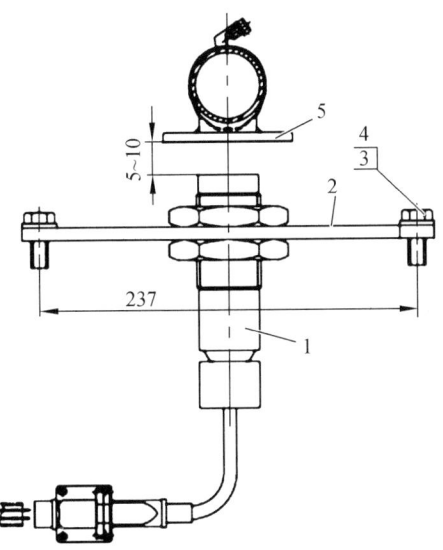

1—电感应器；2—绝缘安装板；3，4—安装螺钉、垫圈；5—感应板组焊。

图 6-15 降弓位置指示器

13. 气阀箱

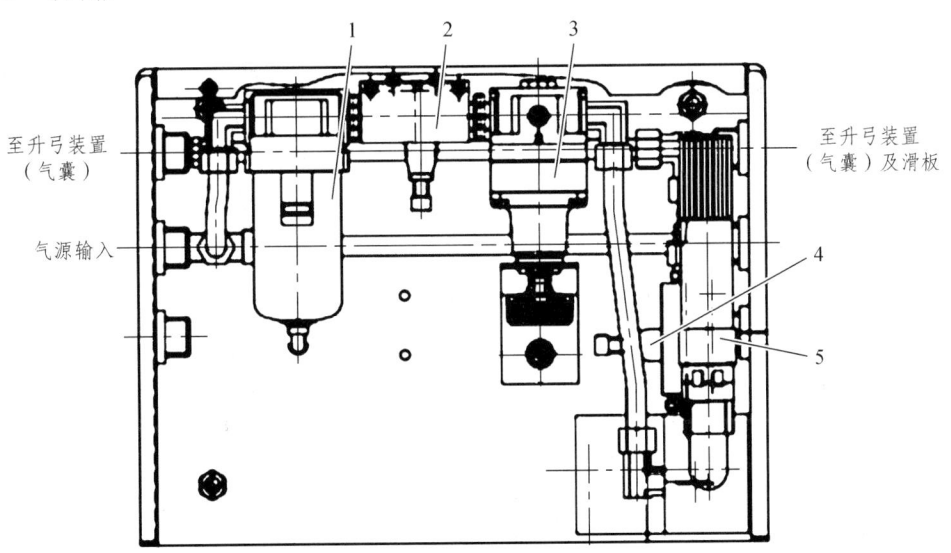

1—空气过滤器；2，4—单向节流阀；3—精密调压阀；5—安全阀。

图 6-16 气阀箱

气阀箱（受电弓气控箱，见图 6-16）是由空气过滤器（1）、单向节流阀（2、4）、精密调压阀（3）、安全阀（5）等几部分组成。

（1）空气过滤器：将分离压缩空气中的水蒸气（排放），保证压缩空气的干燥和洁净。

（2）单向节流阀：通过控制压缩（排放）气体的过流量来调整受电弓升弓（降弓）时间。

(3) 精密调压阀：为受电弓提供恒定的压缩空气（精度为±0.002 MPa），还可用于调节接触压力（气压每变化 0.01 MPa 就会使接触压力变化 10 N）。

(4) 安全阀：精密调压阀出现故障时，起保护气路的作用。

14. 气路组装（见图 6-17）

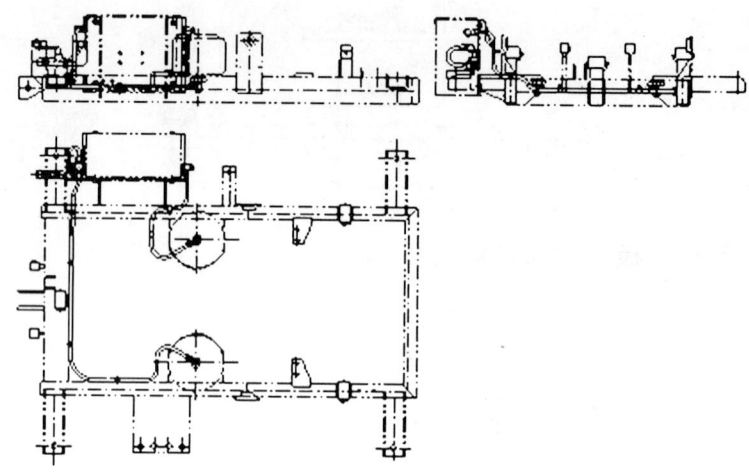

图 6-17 气路组装

(二) 受电弓的检修内容及方法

1. 外观检查

(1) 清洁：用毛巾蘸 ND-310 水溶液或酒精，拧干后清洁各部件，清洁后保持部件干燥，各紧固件防松线清晰可见。

(2) 检查底架组装、铰链系统、阻尼器组装、下臂杆组装、拉杆组装、平衡杆组装、上框架组装、弓头组装无受损、裂纹、缺失、变形；各转动部件能够自由转动。

(3) 检查碳滑板外观。

(4) 检查铝托架无电弧灼伤等异常情况，导流线断股不超过 10%。

(5) 检查弓头外观状态，宽度不小于 0.5 mm 的表面划痕总长需不大于 60 cm，直径大于 5 mm 的碰伤不多于 5 处。

(6) 检查支持绝缘子，对绝缘子伞状下方不易观察处使用小镜观察。

(7) 检查降弓位置指示器行程开关、压簧、启动件外观，用手轻轻压缩启动件中间部位，检查行程开关、压簧动作情况，应动作良好无卡滞（注意：压缩启动件时，接触点为启动件中心部，不能压缩其边沿处，防止启动件边沿开裂）。

(8) 检查各气路软管外观及安装情况，在正常升弓和降弓状态下，检查受电弓车顶各气路软管状态，确认气路软管无接磨、无磨损，确认绑扎气路软管的各个扎带无破损、紧固良好。耳听管路无泄漏，摆动弓头，风管无接磨、无受力现象。

(9) 检查升弓装置气囊外观及安装螺栓防松线，耳听检查有无泄漏情况；检查升弓装置无锈蚀，用手拉动弓头检查，应润滑良好，转动灵活。

(10) 检查未连接气管的橡胶黑色堵头安装良好无倾斜，气管堵头的防松线清晰无错位。

2. 数据测量

(1)利用秒表等工具测量受电弓的升降弓时间。

(2)利用拉力计测量升弓接触压力和落弓保持压力。

(3)检查绝缘板及感应器安装状态,使用塞尺测量绝缘板与感应器之间的间隙为 3～7 mm。

(4)测量碳滑板表面距铝托架的厚度:在碳滑板上取 3 个点,分别是碳滑板中部最低厚度的 20 mm 区间(测量区间内最低点 3 次,取 3 次测量最小值作为最低厚度点)、从滑板中部向两侧 200 mm 处分别取 2 个点,用游标卡尺测量碳滑板表面距铝托架底部的厚度。

(5)测量受电弓碳滑板厚度。

(三)受电弓碳滑板的拆卸与安装

(1)在受电弓未升弓的情况下,截断受电弓气路关闭阀(见图 6-18)。

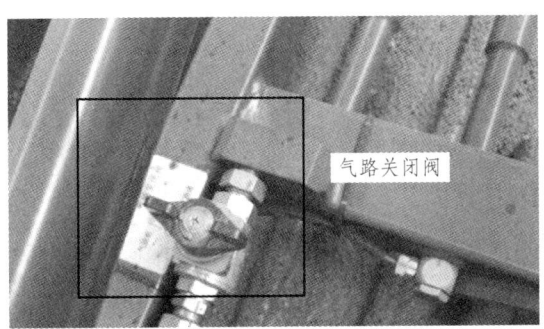

图 6-18　截断气路阀门

(2)拆卸受电弓导流线安装螺栓,并将 ADD 风管拆下(见图 6-19)。

图 6-19　拆卸导流线

(3)拆卸受电弓碳滑板安装螺栓(见图 6-20)。

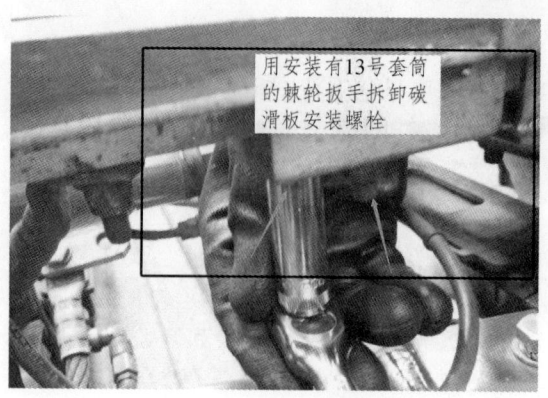

图 6-20　拆卸碳滑板

（4）卸下旧碳滑板。
（5）在滑板与滑板座之间涂导电脂。
（6）安装新碳滑板。
（7）紧固螺栓，注意扭力要求（见图 6-21）。
（8）画防松线。
（9）安装风管及导流线（见图 6-22）。
（10）恢复被截断的气路阀门。
（11）记录碳滑板的厚度、位置、换下的日期（见图 6-23）。

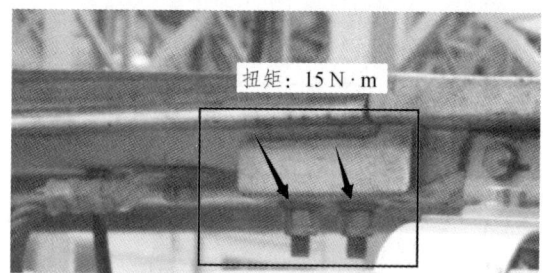

图 6-21　螺栓扭力要求（15 N·m）

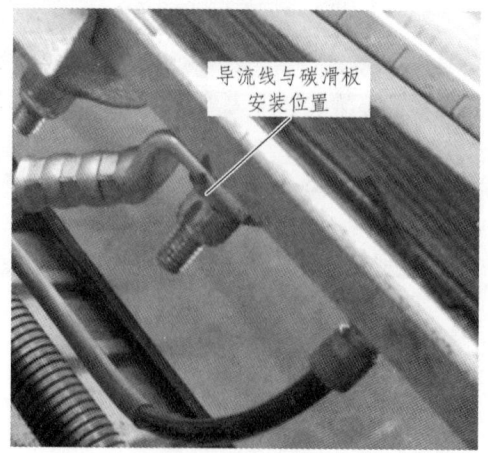

图 6-22　导流线与碳滑板的安装位置

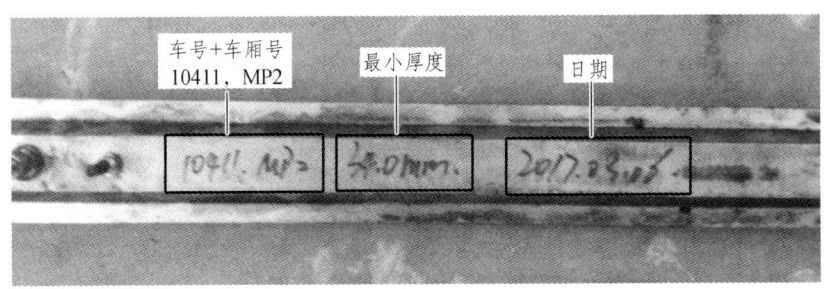

图 6-23　记录碳滑板的信息

五、实训验收

实训验收包括设备认知实训验收、检修作业实训验收和部件更换实训验收。每个实训验收均为 100 分，及格分为 90 分。实训验收内容如表 6-1、表 6-2、表 6-3 所示。

表 6-1　设备认知实训验收表

班级：_____	姓名：_____	学号：_____		日期：_____	
序号	实训项点		分值	扣分	得分
1	绝缘子：手指绝缘子（4 分），口呼绝缘子（4 分）		8		
2	底架：手指底架（4 分），口呼底架（4 分）		8		
3	铰链：手指铰链（4 分），口呼铰链（4 分）		8		
4	下臂杆：手指下臂杆（4 分），口呼下臂杆（4 分）		8		
5	上框架：手指上框架（4 分），口呼上框架（4 分）		8		
6	拉杆：手指拉杆（4 分），口呼拉杆（4 分）		8		
7	电流连接：手指电流连接（5 分），口呼电流连接（5 分）		10		
8	弓头：手指弓头（5 分），口呼弓头（5 分）		10		
9	平衡杆：手指平衡杆（4 分），口呼平衡杆（4 分）		8		
10	升弓装置：手指升弓装置（4 分），口呼升弓装置（4 分）		8		
11	阻尼器：手指阻尼器（4 分），口呼阻尼器（4 分）		8		
12	降弓位置指示器：手指降弓位置指示器（4 分），口呼降弓位置指示器（4 分）		8		
13	用时在 5 min 之内不扣分，每超过 1 min 扣 2 分		0		
	合计		100		

表6-2 检修作业实训验收表

班级：_____　　姓名：_____　　学号：_____　　日期：_____

序号	检修作业内容		分值	扣分	得分
1	手指弓头（除碳滑板外）、上框架、平衡杆、拉杆、下臂杆、底架、绝缘子、接线端子、钢丝绳（3分）	口呼用毛巾蘸ND-310水溶液或酒精，拧干后清洁各部件，清洁后保持部件干燥，各紧固件防松线清晰可见。如有锈迹需要除锈，并重新涂刷油漆（3分）	6		
2	手指底架组装、铰链系统、阻尼器组装、下臂杆组装、拉杆组装、平衡杆组装、上框架组装、弓头组装（3分）	口呼目视检查，各部件无受损、裂纹、缺失、变形；各转动部件能够自由转动（3分）	6		
3	手指碳滑板（3分）	口呼目视检查碳滑板外观，表面光滑，无偏磨、严重腐蚀、空洞及凹凸不平等，碳滑板没有裂损、起层、溶胶、脱胶，安装牢固无变形（3分）	6		
4	手指碳滑板表面（3分）	口呼在碳滑板上取3个点，分别是碳滑板中部最低厚度的20 mm区间（测量区间内最低点3次，取3次测量最小值作为最低厚度点）、从滑板中部向两侧200 mm处分别取2个点，用游标卡尺测量碳滑板表面距铝托架底部的厚度（3分）	6		
5	手指铝托架（3分）	口呼目视检查，无电弧灼伤等异常情况（3分）	6		
6	手指导流线（3分）	口呼目视检查，断股不超过10%。若需要更换导流线，则在导流线连接压接面处用毛刷涂抹导电润滑脂（3分）	6		
7	手指弓头（3分）	口呼目视检查弓头外观状态。若表面存在划痕或磕碰伤，则使用钢板尺测量，要求划痕宽度不小于0.5 mm的总长需不大于60 cm，直径大于5 mm的碰伤不多于5处（3分）	6		
8	手指支撑绝缘子（3分）	口呼目视检查支撑绝缘子，对绝缘子伞状下方不易观察处使用小镜观察（3分）	6		
9	手指降弓位置指示器行程开关、压簧、启动件（3分）	口呼目视检查外观，用手轻轻压缩启动件中间部位，检查行程开关、压簧动作情况，动作良好无卡滞（3分）	6		

续表

班级：		姓名：	学号：		日期：	
序号		检修作业内容		分值	扣分	得分
10	手指绝缘板及感应器（3分）	口呼目视检查绝缘板及感应器安装状态，使用塞尺测量绝缘板与感应器之间的间隙，间隙为3~7 mm（3分）		6		
11	手指气路软管（3分）	口呼目视检查各气路软管外观及安装情况，在正常升弓状态和降弓状态下，检查受电弓车顶各气路软管状态，确认气路软管无接磨、无磨损，确认绑扎气路软管的各个扎带无破损、紧固良好。一人将受电弓调整至弓头距离车顶约600 mm处，另一人视线与受电弓上框架水平进行目视检查，确认受电弓气路软管平顺且未超出上框架。耳听管路无泄漏，摆动弓头，风管无接磨、无受力现象（5分）		8		
12	手指升弓装置气囊（3分）	口呼目视检查外观及安装螺栓防松线，耳听检查泄漏情况（3分）		6		
13	手指碳滑板风管堵头（3分）	口呼目视检查，未连接气管的橡胶黑色堵头安装良好无倾斜，气管堵头的防松线清晰无错位（3分）		6		
14	手指升弓装置转轴、接线线端（3分）	口呼目视检查无锈蚀，用手拉动弓头检查润滑良好，转动灵活（3分）		6		
15	手指ADD试验截止阀、ADD球阀、ADD快排阀、受电弓截止阀（3分）	口呼目视检查，位置正确（3分）		6		
16	手指受电弓（3分）	口呼用秒表检测升降弓时间：升弓时间$5\ s \leqslant t \leqslant 8\ s$，降弓时间$4\ s \leqslant t \leqslant 8\ s$；观察受电弓升起和降落过程应平稳无异响，无恶性冲网、砸顶现象。观察升降弓动作时，各机构无异常接磨、干涉卡滞现象。升弓接触压力（100±10）N，落弓保持力大于150 N（5分）		8		
17	用时在20 min之内不扣分，每超过1 min扣2分			—		
	合计			100		

表 6-3　部件更换实训验收表

班级：＿＿＿＿　姓名：＿＿＿＿　学号：＿＿＿＿　日期：＿＿＿＿			
序号	实训项点	分值	扣分	得分
1	口呼在受电弓未升弓的情况下（5分），操作截断受电弓气路关闭阀（10分）	15		
2	拆卸受电弓导流线安装螺栓（7分），及 ADD 风管拆下（8分）	15		
3	拆卸受电弓碳滑板安装螺栓（30分）	30		
4	卸下旧碳滑板（5分）。口呼在滑板与滑板座之间涂导电脂（10分）	15		
5	安装新碳滑板，划防松线（7分）。安装风管及导流线（8分）	15		
6	恢复被截断的气路阀门（5分）。记录碳滑板的厚度、位置、换下的日期（10分）	10		
7	用时在 15 min 之内不扣分，每超过 1 min 扣 2 分	—		
	合计	100		

六、思考题

1. 什么时候需要对受电弓碳滑板进行更换？
2. 受电弓发生故障会对列车运行产生什么样的影响？

实训七 空调系统检修

扫一扫获取
本实训彩图

一、实训目的

（1）认识空调的组成。
（2）掌握空调的工作原理。
（3）了解空调的检修工作内容。
（4）掌握空调的检修工作方法。
（5）掌握更换和清洁空调滤网方法。
（6）掌握空调故障的处置方法。

二、实训原理

每辆地铁车辆都配置有2台顶置单元式空调机组，型号为KG29-CD，用于夏季除湿、降温，春、秋季通风换气，给乘客和司机创造一个舒适的车内环境。与空调机组配套的电气控制柜安装在车内，空调机组出风口与车内主风道直接连接，空调机组处理后的空气经车内主风道由送风口送入客室内，达到调节车内空气温度的目的。

制冷循环从冷凝器开始，然后进入以下路径（见图7-1）：

从冷凝器2流出的液体制冷剂通过干燥过滤器4进入将系统的高压侧和低压蒸发器10隔开的节流元件——毛细管9。干燥过滤器4的作用是阻拦系统管路中的固体颗粒和维持吸附制冷回路的湿度和酸度。

毛细管9是控制适量的液体制冷剂进入蒸发器12，并且将制冷剂的压力降低至蒸发压力。

液体制冷剂通过毛细管9的节流降压后，进入蒸发器12进行蒸发，通过送风机6吸收空调区域大量热量直至制冷剂完全气化。

离开蒸发器的制冷剂蒸气经过气液分离器11和单向阀5进入压缩机1，压缩机将低压蒸气压缩，同时提高蒸汽的压力和温度，然后高温高压气体被压出压缩机，进入冷凝器2。

气液分离器11是防止液体制冷剂进入压缩机，并保证润滑油能顺利回到压缩机。

单向阀5的作用是单向导通，防止压缩机反转造成故障。

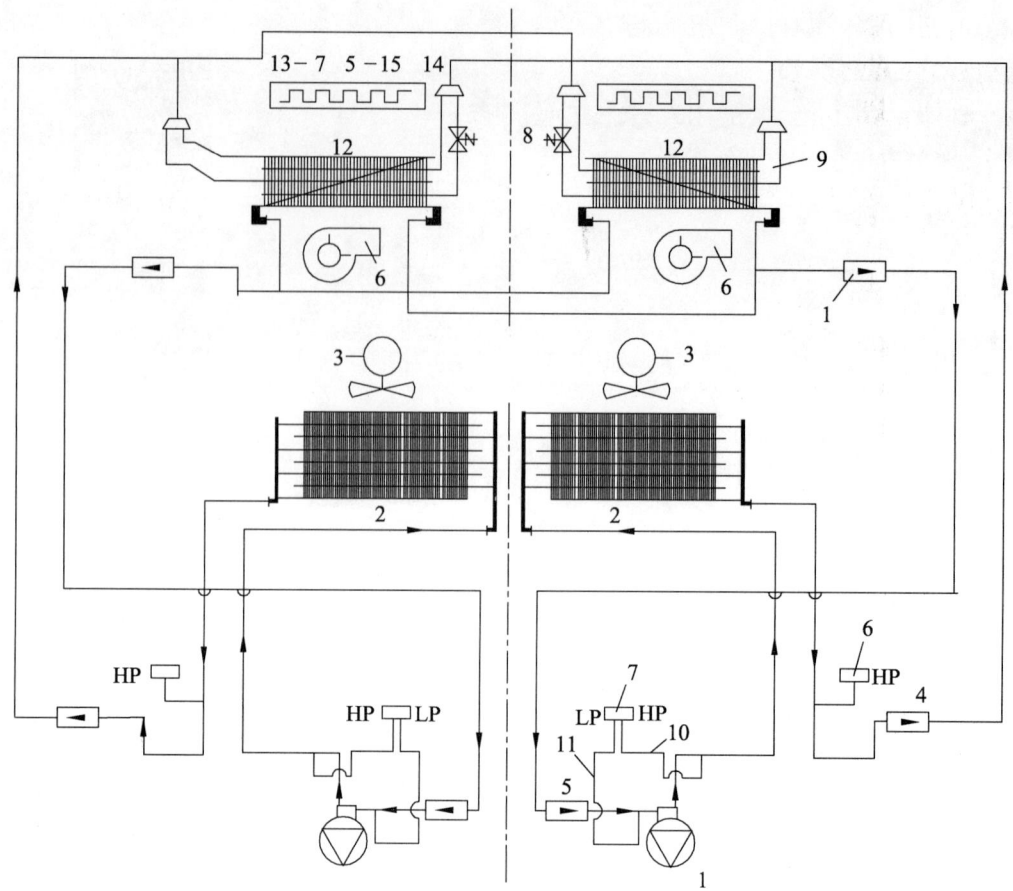

1—压缩机;2—冷凝器;3—冷凝风机;4—干燥过滤器;5—单向阀;6—送风机;7—压力保护开关;8—卸载电磁阀;9—毛细管;10—低压蒸发器;11—气液分离器;12—蒸发器;13—温度保护开关;14—电加热。

图 7-1 制冷循环

当高压气体进入冷凝器 2,通过冷凝风机 3 将热量排放到外界,制冷剂冷凝成液体,又开始新的制冷循环。

当空调负荷减少时,卸载电磁阀 8 断开,减小机组制冷量,达到能量调节的目的。

压力保护开关 7 在制冷系统出现异常高压或低压时停止压缩机,保障压缩机运行在正常的压力下。

温度保护开关 13 可以防止电加热 14 出现过热现象。

详细的制冷循环流程如图 7-2 所示。

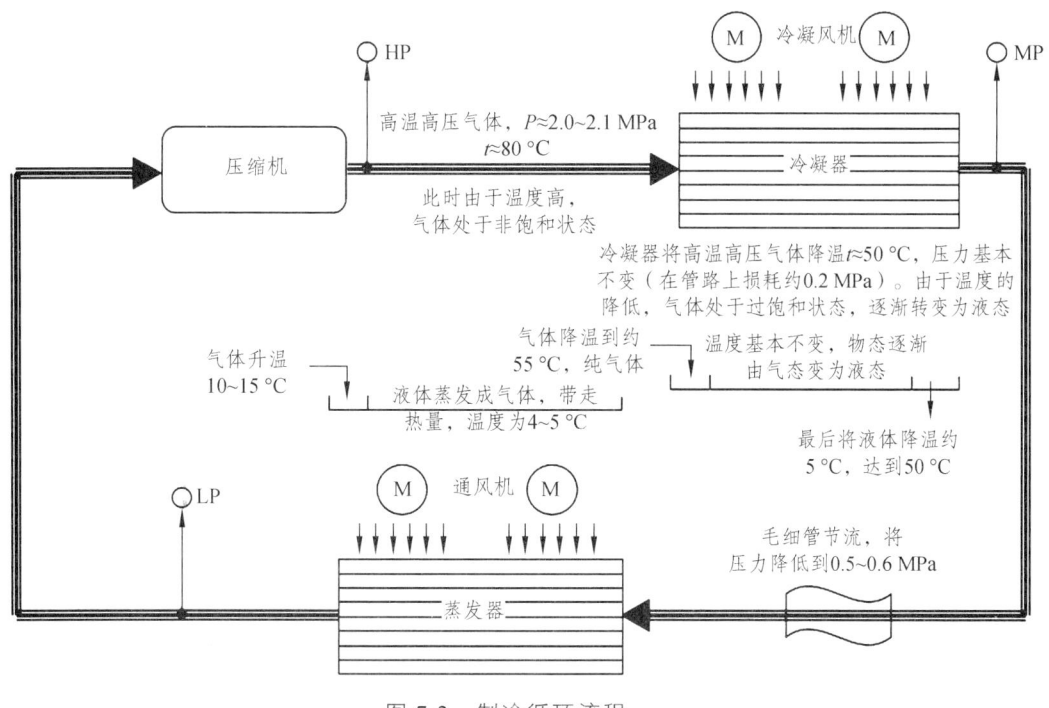

图 7-2 制冷循环流程

三、实训准备

（一）健康情况及知识要求

（1）实训人员的身体状况、精神状态良好。
（2）实训人员必须具备必要的车辆构造相关知识。

（二）安全要求

（1）实训人员按照实训室要求穿戴安全帽、工作服、护趾鞋等劳保用品。
（2）实训前必须开启实训室照明设备，保障实训时有足够亮度。
（3）实训时不允许穿凉鞋、拖鞋、裙子、短裤，长发按要求束发。
（4）实训人员必须在安全区，未经现场实训老师同意不得进入设备区触摸或操作任何设备。

（三）实训设备

本实训的实训设备是空调机组培训平台，该平台包括空调机组及空调控制柜两部分，可通过实物和课件等方式对学员进行空调机组结构、工作原理培训，能让学员清楚了解该设备每个部分的结构功能，加深员工对空调机组及控制结构的认识，并能快速掌握检修技能，提高检修水平。

（四）工器具

（1）高压水枪、风枪、抹布、检漏仪、PTU、杆状工具、万用表。
（2）酒精。

（五）实训时长及人数

（1）实训时长：6课时（分3次，每次2课时）；
（2）每次实训容纳人数：10人左右。

四、实训步骤

（一）认识空调系统

KG29-CD 型空调机组是地铁车辆专用空调设备，它超薄、耐振动、抗冲击，能适应地面及地下隧道等不同的运行环境。每台机组各由两个独立的制冷循环系统组成，可根据车内负荷大小控制运转台数，实现能量调节。

空调机组外壳为不锈钢板材，外表面无油漆。每台机组有 6 个安装座，通过 6 个减振器固定在车顶机组平台不锈钢结构的机组座上（见图 7-3），采用下回风下送风方式，送回风口分别与客室内风道对应风口连接，新风口位于机组蒸发段的两侧。

图 7-3　空调安装

送风经机组出风口直接进入车内主风道，再由主风道上的送风口（见图 7-4）送入客室内。主风道材质为 1.5 mm 厚的铝板（内覆 10 mm 厚隔热材料），通过法兰相互连接。风道内设隔板将风道分为主送风道及静压箱两部分，隔板上部冲有多处 180 mm×25 mm 的长方孔，使两部分相贯通。

客室送风由沿车长方向布置的条缝式送风口向车内送风；司机室送风由设在 Tc 车邻近司机室的空调机组提供，通过客室内送风道（见图 7-5），经司机室送风单元吸入，由司机室送风单元的可调式送风口均匀送出。

图 7-4 空调送风口

图 7-5 送风道

客室内顶设两排纵向送风格栅，送风格栅与风道出口（静压箱）之间以软质海绵为密封材料加以密封，防止送风流窜。

回风格栅设在空调机组下方内顶板上，车内空气经回风口回到机组和新风混合，经过冷热交换后，送入车内二次利用。回风格栅上设有过滤网，并可方便拆换（见图 7-6）。

废排装置（见图 7-7）设在车顶，车内污浊空气在客室内正压的作用下，通过客室侧顶与侧墙的间隙，由设在车顶的废排装置排到车外。

图 7-6　客室内送风格栅与回风格栅

图 7-7　废排装置

在交流辅助电源设备故障的情况下，紧急通风系统将自动启动。通风机由蓄电池通过紧急逆变器提供电力，向客室、司机室输送全部新风。当交流辅助电源供电正常时，空调系统自动转入正常工作状态。

空调机组（除风管外）的结构如图 7-8 和图 7-9 所示。

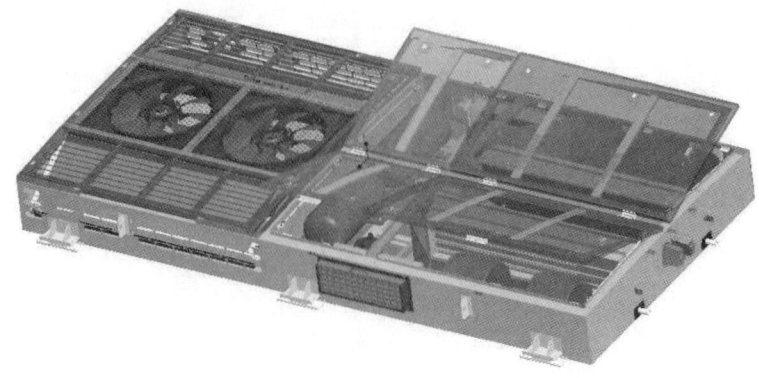

图 7-8　空调机组效果示意图

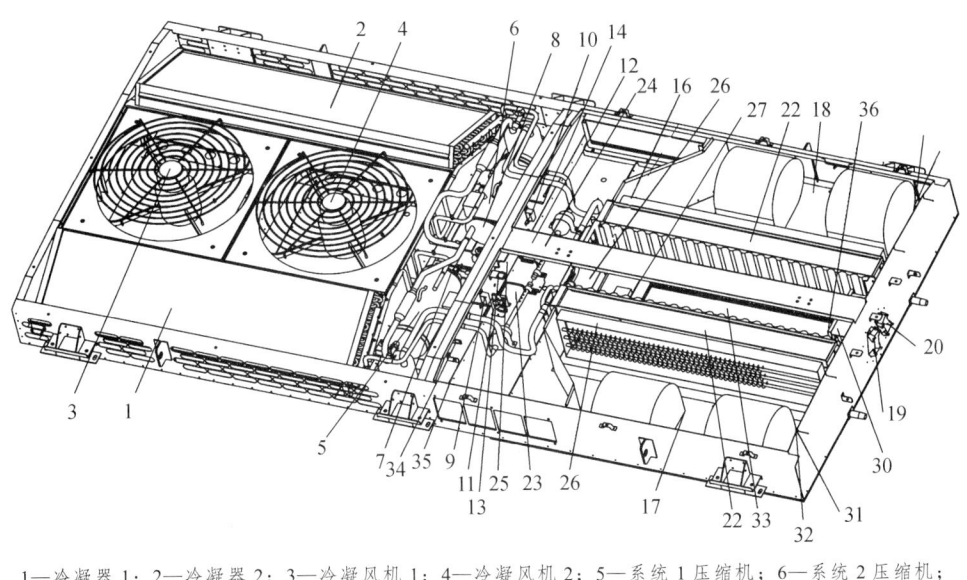

1—冷凝器 1；2—冷凝器 2；3—冷凝风机 1；4—冷凝风机 2；5—系统 1 压缩机；6—系统 2 压缩机；
7—压缩机排温保护 1；8—压缩机排温保护 2；9—高中低压开关 1；10—高中低压开关 2；11—卸载电磁阀 1；
12—卸载电磁阀 2；13—X07 系统 1 高低压排温保护插头；14—X08 系统 1 高低压排温保护插头；
15—左新风电加热；16—右新风电加热；17—通风机 1；18—通风机 2；19—X02 机组控制电路插头；
20—X01 机组主电路插头；21—蒸发器 1；22—蒸发器 2；23—X14 系统 1 旁通电磁阀插头；
24—X15 系统 2 旁通电磁阀插头；25—XT6 冷凝风机连接端子；26—X9 回风阀插头；
27—回风温度传感器 RT1；28—X17 系统 2 送风温度保护插头；29—送风温度保护开关 T2；
30—XT5 控制电路分线端子；31—X16 系统 1 送风温度保护插头；32—送风温度保护开关 T1；
33—回风阀 RD；34—新风温度传感器 FT1；35—X11 新风温度传感器插头；
36—X10 回风温度传感器插头。

图 7-9 空调机组明细

空调系统各零部件的作用：

（1）冷凝器：高温、高压的制冷剂气体在通过冷凝器时，在室外空气的冷却下，变成常温（约 50 ℃ 以下）高压的制冷剂液体。

（2）干燥过滤器：将滤网固定在容器内，并封入干燥剂，过滤制冷剂中的残余杂质，吸收制冷剂中的残留水分。

（3）毛细管：使经冷凝液化的高压制冷剂，通过小截面的铜管变为低温、低压的制冷剂液体。

（4）蒸发器：经毛细管节流的低温、低压的制冷剂液体与室内空气进行热交换，在制冷剂液体气化的同时，冷却室内空气。

（5）送风机：强化制冷剂在蒸发器中的蒸发过程，并将经蒸发器冷却降温的空气送入车内。

（6）气液分离器：设置在压缩机前面，将来自蒸发器的制冷剂气体与未蒸发的液体分离，将气体制冷剂和压缩机润滑油返回压缩机。

（7）压缩机：将低温、低压的制冷剂气体，压缩成为高温、高压的制冷剂气体后，送至冷凝器。

（8）冷凝风机：强化制冷剂在冷凝器中的凝结放热过程。

（9）高压压力开关：防止冷却系统出现故障造成制冷系统压力过高，对制冷系统进行停机保护。

（10）中压压力开关：在过渡季节防止冷凝温度过低，建立合适的压差。

（11）低压压力开关：防止漏氟或送风系统故障等造成制冷系统低压过低，对制冷系统进行停机保护。

（二）空调系统的检修内容与方法

1. 空调试验（有电）

（1）有电通风状态下，目视检查空调控制器上 I/O 指示灯显示正常（DI7、DI8、DI19、DI26、DI27、DO6、DO8、DO26、DO28 指示灯的正常显示）（见图 7-10）。

图 7-10　I/O 指示灯

（2）使用 PTU 下载故障，并读取显示温度值记录。对比列车各回风温度，要求最大相差小于 4 ℃；对比列车各新风温度，要求相差小于 2 ℃。

（3）使用 PTU 启动空调全冷进行试验。启动设备时，按照通风机-冷凝风机-压缩机的顺序依次启动，观察通风机、冷凝风机转向是否正确，是否有反转情况（确认转向与通风机、冷凝风机上标注的箭头方向一致，压缩机电流无异常）。启动后，注意听通风机、冷凝风机、压缩机是否有异响。在控制器上观察对应通风机、冷凝风机、压缩机指示灯点亮（DI1、DI2、DI3、DI4、DI21、DI22、DI23、DI46、DO1、DO2、DO3、DO40、DO21、DO22、DO23、DO41 指示灯均正常显示）。在 PTU 显示屏观察压缩机工作电流正常。

2. 空调机组检查（无电）

（1）检查紧固件、弯管接头状态时，确认防松线清晰可见，无重线、错位现象。如遇防松线重线、错位等情况应用清洁剂清洗干净并重新紧固后补画防松线。

（2）检查冷凝腔内各部件安装牢靠，电线连接正常。

（3）用高压水枪冲洗冷凝腔、冷凝器，再用空调清洗剂均匀喷洒冷凝腔、冷凝器、扇叶，然后用水冲洗干净。

（4）用杆状工具检查冷凝风机机组风扇转动情况。

（5）检查蒸发腔内各部件，电线连接正常，安装牢靠。

（6）用风枪吹扫蒸发器后，再用湿抹布擦洗蒸发腔箱底、通风机表面、通风机叶片；用酒精擦洗温度传感器。注意，使用风枪时，需要将回风格栅打开并取下回风滤网，避免因回风滤网堆积大量灰尘造成不必要的滤网更换。

（7）清洁蒸发器、通风机叶片、温度传感器。

（8）拆下排水口橡胶管，用高压水枪对准下部管路冲洗 3 min，机组到橡胶管这段管路须掏空淤泥，并用水冲出。

（9）使用检漏仪检查蒸发器、冷凝器的管路，特别注意弯头连接处、高低压压力开关管路连接处、压缩机的进出口处是否有制冷剂泄漏；如发现有漏点，再采用肥皂水涂抹，确定泄漏点。进入临修程序-空调漏氟处理流程。

（三）空调滤网的更换

（1）打开空调盖板，确认回风滤网和新风滤网（见图 7-11 和图 7-12）。

图 7-11　回风滤网

图 7-12　新风滤网

（2）拆下旧的空调新风滤网，安装洁净的新风滤网（见图7-13）。

图 7-13　拆卸新风滤网

（3）拆下旧的空调回风滤网，安装洁净的回风滤网（见图7-14）。

图 7-14　拆卸回风滤网

（4）更换滤网后，需将空调盖板盖好，锁闭到位，清点工具及物料，离开现场。

（5）将更换下来的空调滤网放在指定位置，并进行清洁。

五、实训验收

实训验收包括设备认知实训验收、检修作业实训验收和部件更换实训验收。每个实训验收为100分，及格分为90分。实训验收内容如表7-1、表7-2、表7-3所示。

表 7-1　设备认知实训验收表

班级：	姓名：	学号：	日期：		
序号	实训项点		分值	扣分	得分
1	冷凝器：手指冷凝器（5分），口呼冷凝器（6分）		11		
2	冷凝风机：手指冷凝风机（5分），口呼冷凝风机（6分）		11		
3	压缩机：手指压缩机（5分），口呼压缩机（6分）		11		
4	通风机：手指通风机（5分），口呼通风机（6分）		11		
5	蒸发器：手指蒸发器（4分），口呼蒸发器（4分）		11		
6	毛细管：手指毛细管（6分），口呼毛细管（6分）		12		
7	气液分离器：手指气液分离器（5分），口呼气液分离器（6分）		11		
8	高压压力开关：手指高压压力开关（5分），口呼高压压力开关（6分）		11		
9	低压压力开关：手指低压压力开关（5分），口呼低压压力开关（6分）		11		
10	用时在5 min之内不扣分，每超过1 min扣2分		—		
	合计		100		

表 7-2　检修作业实训验收表

班级：	姓名：	学号：	日期：		
序号	检修作业内容		分值	扣分	得分
1	手指回风格栅（5分）	口呼用抹布蘸稀释后的ND310清洗剂清洗格栅板，目视检查防脱绳无断股、开线，安装状态良好（5分）	10		
2	手指空调机组（5分）	口呼检查紧固件、弯管接头状态时，确认防松线清晰可见，无重线、错位现象。如遇防松线重线、错位等情况应用清洁剂清洗干净并重新紧固后补画防松线（5分）	10		
3	手指冷凝腔（5分）	口呼目视检查，安装牢靠，电线连接正常（5分）	10		
4	手指冷凝风机（5分）	口呼无损坏，转动灵活（5分）	10		
5	手指蒸发腔（5分）	口呼电线连接正常，安装牢靠（5分）	10		
6	手指温度保护开关（5分）	口呼正常导通，无锈蚀，端子压接牢固，接线无破损（5分）	10		
7	手指排水口（5分）	口呼无脏堵（5分）	10		
8	手指制冷管路（5分）	口呼无泄漏（5分）	10		
9	操作启动空调通风（10分）		10		
10	操作启动空调紧急通风（10分）		10		
11	用时在20 min之内不扣分，每超过1 min扣2分		—		
	合计		100		

表 7-3　部件更换实训验收表

班级：_____　姓名：_____　学号：_____　日期：_____

序号	实训项点	分值	扣分	得分
1	打开空调盖板（5分），确认回风滤网和新风滤网（15分）	20		
2	手指空调新风滤网（5分），口呼使用洁净的新风滤网进行更换（15分）	20		
3	手指空调回风滤网（10分），口呼使用洁净的回风滤网进行更换（20分）	30		
4	口呼更换滤网后，需将空调盖板盖好，锁闭到位，清点工具及物料，离开现场（15分）	15		
5	口呼将更换下来的空调滤网放在指定位置，并进行清洁（15分）	15		
6	用时在 10 min 之内不扣分，每超过 1 min 扣 2 分	—		
	合计	100		

六、思考题

1. 空调系统制暖的时候是从车厢底部开始加热还是从顶部开始加热？为什么？
2. 制冷剂在空调系统中经过了怎样的变化过程？
3. 列车在正线行车过程中发生空调系统故障应该如何处置？

实训八　车钩检修

扫一扫获取
本实训彩图

一、实训目的

（1）认识车钩的组成。
（2）掌握车钩的工作原理。
（3）了解车钩检修的工作内容。
（4）掌握车钩检修的工作方法。
（5）了解车钩连挂的操作方法。
（6）了解车钩解钩的操作步骤。

二、实训原理

车钩缓冲装置是车辆最基本的也是最重要的部件之一，它是用来连接列车中各车辆使之彼此保持一定的距离，并且传递和缓和列车在运行中或在调车时所产生的纵向力或冲击力。

密接式车钩缓冲装置分为半自动密接式车钩缓冲装置（简称半自动车钩）和半永久车钩缓冲装置（简称半永久车钩）两种形式。

半自动车钩缓冲装置：安装于整列车的头尾两端，具备自动机械、气路连接功能，具备通过线路所需的水平及纵向转动能力。同时配备有吸收列车纵向冲击能量的弹性元件，包括大容量的弹性胶泥缓冲器、在紧急情况下保护车辆及乘客安全的压溃管和过载保护装置。

半永久车钩缓冲装置：包括带缓冲器半永久车钩缓冲装置和带压溃管半永久车钩缓冲装置两种，在动力单元的内部断面成对使用。半永久车钩缓冲装置需要人工操作对连接卡环进行连挂作业，连挂完成后自动形成气路连通。

三、实训准备

（一）健康情况及知识要求

（1）实训人员的身体状况、精神状态良好。
（2）实训人员必须具备必要的车辆构造相关知识。

（二）安全要求

（1）实训人员按照实训室要求穿戴安全帽、工作服、护趾鞋等劳保用品。
（2）实训前必须开启实训室照明设备，保障实训时有足够亮度。

（3）实训时不允许穿凉鞋拖鞋、裙子、短裤，长发按要求束发。

（4）实训人员必须在安全区，未经现场实训老师同意不得进入设备区触摸或操作任何设备。

（三）实训设备

半自动车钩、半永久车钩。

（四）工器具

（1）毛刷、铜锤、钩锁间隙规、车钩高度测量尺、开口扳手。

（2）纸胶带、AUTOL-TOP2000 油脂、肥皂。

（五）实训时长及人数

（1）实训时长：6 课时（分 3 次，每次 2 课时）。

（2）每次实训容纳人数：10 人左右。

四、实训步骤

（一）认识车钩

（1）头车半自动车钩缓冲装置（见图 8-1）。

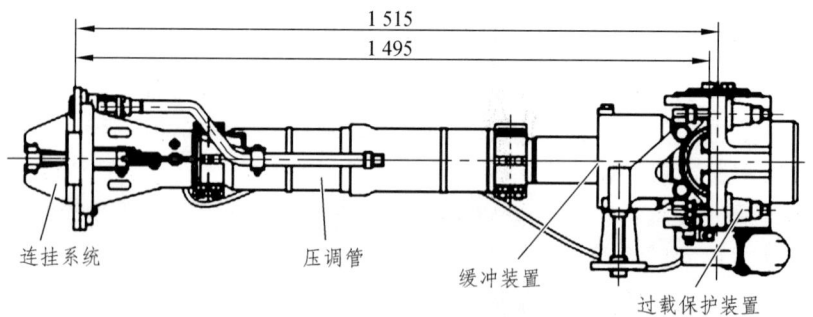

图 8-1　头车半自动车钩缓冲装置

（2）中间半自动车钩缓冲装置（见图 8-2）。

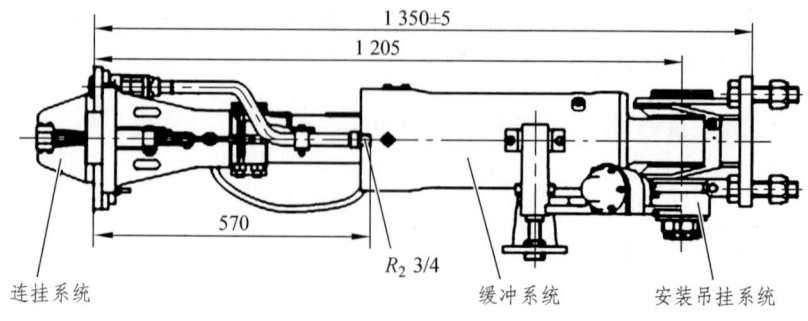

图 8-2　中间半自动车钩缓冲装置

（3）半永久车钩缓冲装置（见图8-3和图8-4）。

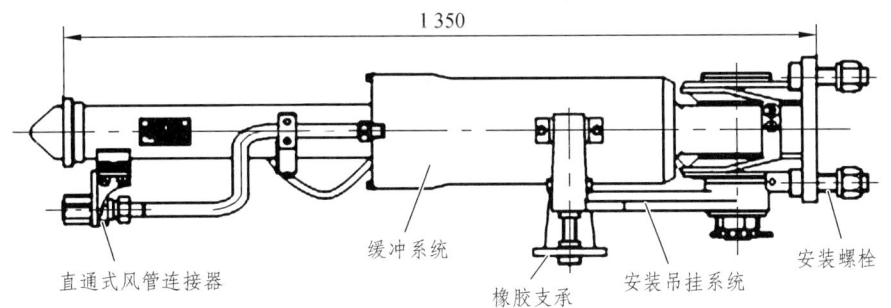

图8-3　半永久车钩缓冲装置1

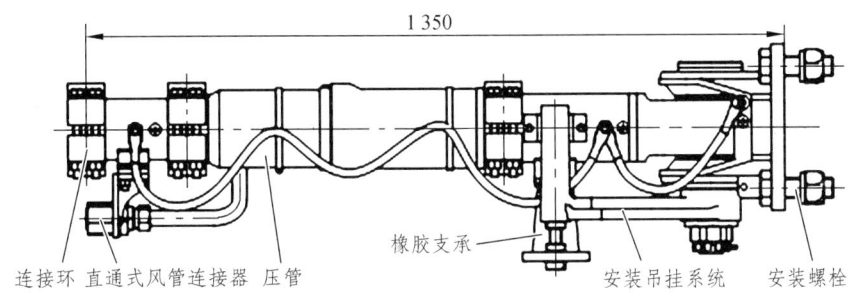

图8-4　半永久车钩缓冲装置2

（4）连挂系统。

连挂系统内部包含钩舌、连挂杆、回复弹簧、解钩手柄等部件，如图8-5所示。

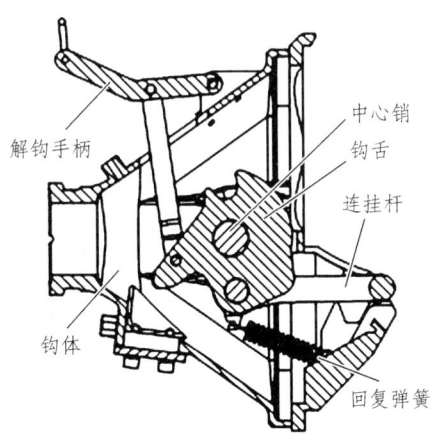

图8-5　连挂系统内部结构

车钩有待连挂位（同时也是锁定位）和全开位两种状态。当车钩要连挂时，通过两车钩的相互撞击，钩体内部的钩舌等机构发生顺时针旋转。在两钩相互连挂过程中，对方钩体的凸锥推动本钩钩舌等连挂机构旋转到最大角度，到达全开位，然后在回复弹簧的作用下迅速回复到锁定位，到达完全连挂后车钩连挂机构的位置状态，如图8-6所示。

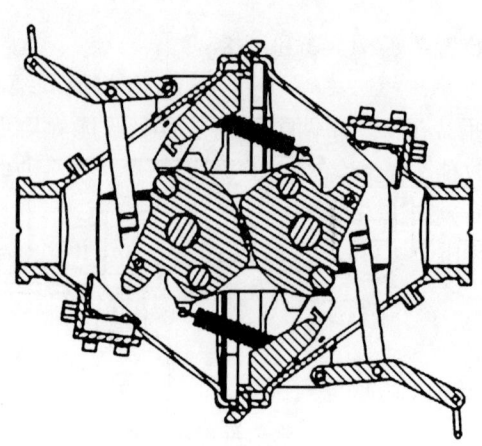

图 8-6 车钩连挂状态

在开钩时,人工扳动解钩手柄,使钩体内部的钩舌及其他机构旋转到最大角度,到达全开位,此时两车钩可以正常分离,然后释放解钩手柄,在回复弹簧力的作用下,钩舌等其他内部机构回复到待连挂位,如图 8-7 所示。

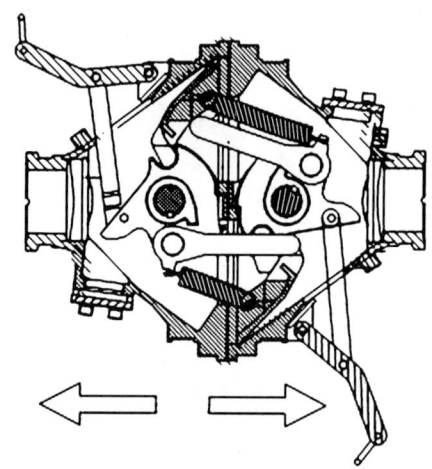

图 8-7 连挂机构在手动解钩时的位置状态

这类车钩与压溃装置通过连接环实现连接。

头车连挂系统钩体上方装有总风管连接器(见图 8-8),可以在列车连挂时自动连接列车管路,在列车分解时自动切断管路。

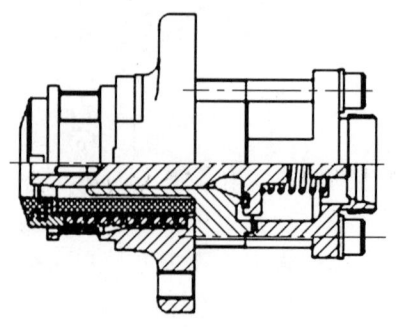

图 8-8 总风管连接器结构示意图

紧凑式缓冲装置（见图 8-9）承担弹性缓冲、水平对中、垂直支撑和回转等功能。该装置由安装座、缓冲装置、支承装置、对中装置等几部分组成。缓冲装置的核心元件是弹性胶泥缓冲器，弹性胶泥缓冲器在拉、压两个方向能量吸收能力均为 24 kJ，通过内部结构实现拉压转换，达到能量吸收能力均衡。

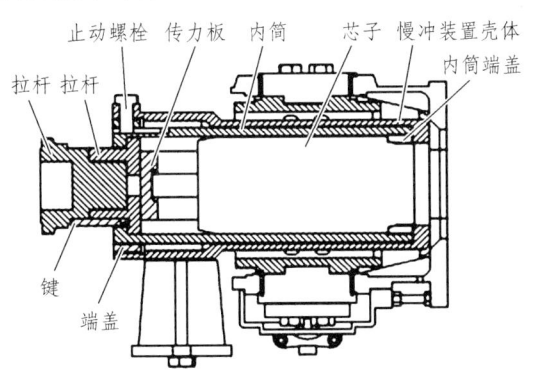

图 8-9　紧凑式缓冲装置内部结构示意图

其中，支承装置在垂直平面内起支承车钩缓冲装置的作用；安装座内部的回转体与缓冲装置外壳和安装座形成相互垂直的铰连接，给缓冲装置提供水平面和垂直面内的转动自由度；对中装置的作用是在水平面内推动车钩缓冲装置向车钩纵向中心线回复，使其自动对中；安装座的 4 个安装孔用 4 个过载保护螺栓完成车钩缓冲装置与车体的连接，起着传递纵向载荷的作用。

对中机构：缓冲装置下部有水平对中机构，可以在弹簧力作用下对回转轴施加对中回复力，为整个车钩缓冲装置提供一定范围内的水平对中力矩，保证整个车钩缓冲装置在待连挂状态下保持在纵向中心线上，便于连挂。

如图 8-10 所示，一旦车钩缓冲装置发生了水平摆动，两个对称的碟簧筒中的碟簧活塞就会推动凸轮板，产生一个回复力矩。专门设计的对中用凸轮板外形可以保证对中装置在角度较小时也具有足够的对中力。车钩缓冲装置在水平方向±15°范围之内，有较大对中力矩，超过±15°对中力矩消失，但是车钩缓冲装置可以继续旋转到大于±20°的范围，以方便检修作业。

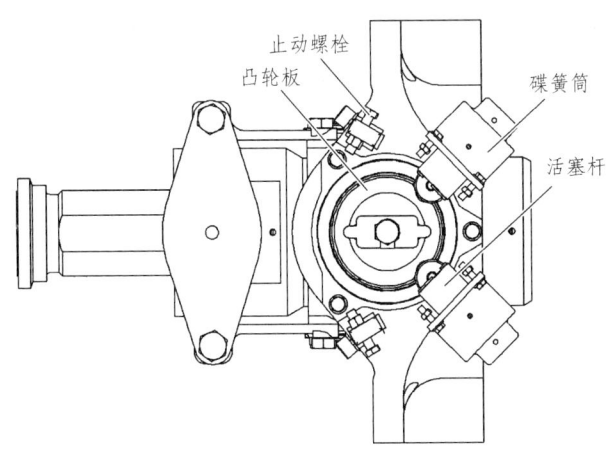

图 8-10　对中机构原理示意图

（二）车钩的检修内容与方法

1. 半自动车钩

（1）用毛刷刷掉车钩表面灰尘，各紧固件防松线应清晰可见。

（2）检查各部件外观无损坏、无裂纹；各安装螺栓和连接螺栓无松动、无缺失；各部件表面油漆无破损、无剥落。

（3）手动推动解锁手柄，检查钩头拉簧状态，解钩手柄功能，钩头干净、无锈蚀。

（4）检查风管管口干净、无异物，O形密封圈安装良好。

（5）检查车钩高度调整橡胶支撑及支架无破损、无裂纹。

（6）用铜锤敲击压溃管，声音清脆，无破音。检查压溃管外观无损伤、无变形，触发指示装置完好，表面油漆无破损。

（7）测量车钩高度：使用铝制平尺（或水平尺）及卷尺测量车钩高度。

（8）检查接地线缆安装牢固、无破损、无接磨。

（9）检查车钩钩头无倾斜、对中良好。

（10）用肥皂液检查车钩管路无泄漏。

（11）用钩锁间隙规测量车钩钩锁间隙小于2 mm。

2. 半永久车钩

（1）用毛刷刷掉表面灰尘，各紧固件防松线清晰可见，目视无锈蚀。

（2）外观无损坏、无裂纹；各安装螺栓和连接螺栓无松动。各部件表面油漆无破损、无剥落。

（3）卡环螺栓间隙充满油脂。

（4）压溃管无损伤、无变形，表面油漆无破损。用铜锤敲击，声音清脆，无破音。

（5）车钩高度调整橡胶支撑及支架无破损、无裂纹。

（6）接地线缆安装牢固、无破损、无接磨。

（7）用肥皂液检查总风管路密封、无泄漏。

（三）车钩高度测量与调整对中

1. 车钩高度测量

（1）检查开始前，需先行确认总风状态（在列车上的车钩），只有在总风压力正常时，才可进行车钩的测量与调整作业。

（2）打开车钩中心高度尺竖尺，使棘爪复位后固定。

（3）将测量尺置于量钢轨上，移动上翘下垂及车钩中心高度测板至正好卡住钩舌的上下边缘，并将车钩中心高度测板横尺置于钩舌中心位置，然后锁紧螺母，通过游标可以直接读取车钩中心高度值，如图8-11至图8-13所示。

图 8-11　车钩高度测量 1

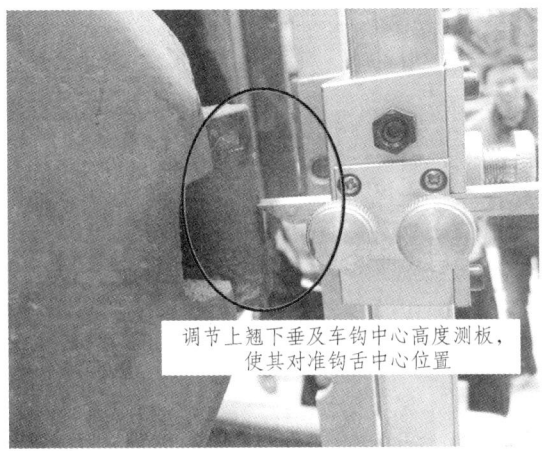

图 8-12　车钩高度测量 2

图 8-13　车钩高度测量 3

2. 车钩高度调整

(1) 调整垂直对中。

如果车钩钩头下垂,松开螺母1和2,顺时针方向拧紧螺栓3相同的圈数,直至车钩达到垂直对中要求,重新拧紧螺母1和2。如果车钩钩头上翘,松开螺母1和2。逆时针方向松动螺栓3相同的圈数,直至车钩达到垂直对中要求,重新拧紧螺母1和2,如图8-14和图8-15所示。

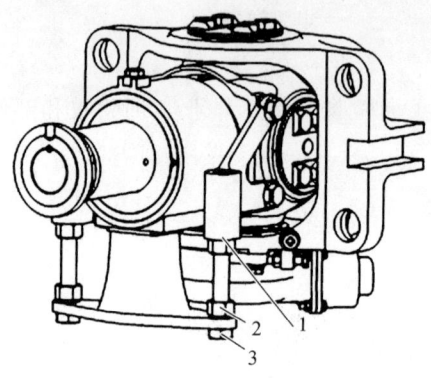

1,2—螺母;3—螺栓。

图 8-14 车钩的垂直对中

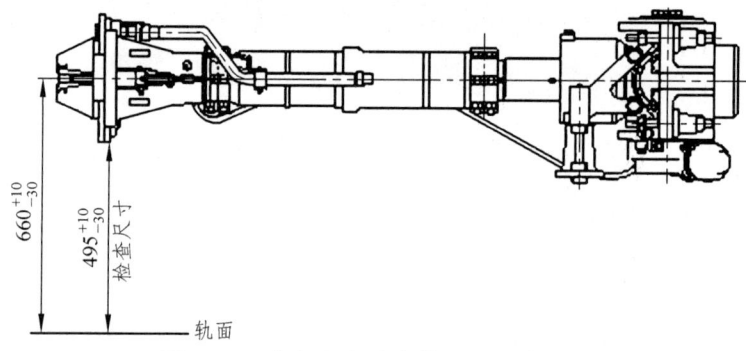

图 8-15 头车半自动车钩垂直对中调整

(2) 调整水平对中。

头车半自动车钩水平对中(参考图8-16进行)。

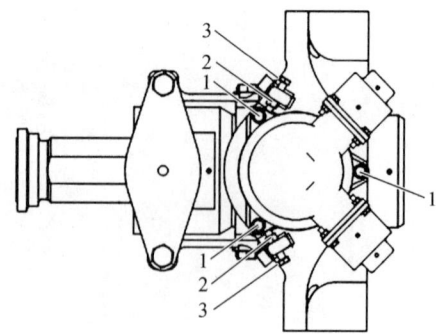

1,3—螺栓;2—螺母。

图 8-16 车钩的水平对中

① 测量车钩中心线水平方向偏转角，如果车钩自然对中情况下中心线偏移车体中心线大于±15 mm 则需按下述方法调节对中，直至达到要求为止。
② 先松开三只螺栓 1，然后松开两只螺母 2。
③ 转动螺栓 3 调整车钩水平对中，使车钩与车体中心线保持一致。
调整对中后，先拧紧三只螺栓 1，然后拧紧两只螺母 2。

五、实训验收

实训验收包括设备认知实训验收、检修作业实训验收和部件更换实训验收。每个实训验收为 100 分，及格分为 90 分。实训验收内容如表 8-1、表 8-2、表 8-3 所示。

表 8-1　设备认知实训验收表

班级：_____　姓名：_____　学号：_____　日期：_____

序号	实训项点	分值	扣分	得分
1	连挂系统：分别手指连挂系统的钩舌、连挂杆、回复弹簧、解钩手柄（20 分），口呼钩舌、连挂杆、回复弹簧、解钩手柄（20 分）	40		
2	压溃管：手指压溃管（10 分），口呼压溃管（10 分）	20		
3	缓冲装置：手指缓冲装置（10 分），口呼缓冲装置（10 分）	20		
4	过载保护装置：手指过载保护装置（10 分），口呼过载保护装置（10 分）	20		
5	用时在 5 min 之内不扣分，每超过 1 min 扣 2 分	0		
	合计	100		

表 8-2　检修作业实训验收表

班级：_____　姓名：_____　学号：_____　日期：

序号	实训项点		分值	扣分	得分
1	手指半自动车钩整体（3 分）	口呼外观干净、无锈蚀。各部件外观无损坏、无裂纹；各安装螺栓和连接螺栓无松动、无缺失；各部件表面油漆无破损、无剥落（5 分）	8		
2	手指半自动车钩钩头（3 分）	口呼钩头拉簧状态良好、解钩手柄功能正常、钩头干净、无锈蚀（3 分）	6		
3	手指半自动车钩风管管口（3 分）	口呼干净，无异物；O 形密封圈安装良好；风管贴纸密封状态良好（3 分）	6		
4	手指半自动车钩卡环（3 分）	口呼螺栓间隙充满油脂（3 分）	6		
5	模拟推动半自动车钩（3 分）	口呼运动自如，润滑良好（3 分）	6		
6	手指车钩高度调整橡胶支撑及支架（3 分）	口呼无破损、无裂纹（3 分）	6		

续表

班级：＿＿＿＿ 姓名：＿＿＿＿ 学号：＿＿＿＿ 日期：＿＿＿＿					
序号	实训项点		分值	扣分	得分
7	手指压溃管（3分）	口呼无损伤、无变形，触发指示装置完好，表面油漆无破损（3分）	6		
8	手指半自动车钩中心销轴承（3分）	口呼转动灵活，润滑良好（3分）	6		
9	手指半自动车钩（3分）	口呼在AW0状态下，用长的铝制平尺（或水平尺）及卷尺测量车钩高度，安装高度符合标准（5分）	8		
10	手指接地线缆（3分）	口呼安装牢固、无破损、无接磨（3分）	6		
11	手指半自动车钩钩头（3分）	口呼无倾斜（3分）	6		
12	手指半自动车钩对中装置（3分）	口呼功能正常、安装牢固（3分）	6		
13	手指半自动车钩总风管路（3分）	口呼密封良好、无泄漏（3分）	6		
14	手指车钩高度调整橡胶支撑及支架（3分）	口呼无破损、无裂纹（3分）	6		
15	手指半自动车钩钩锁（3分）	口呼用钩锁间隙规测量，间隙小于2 mm（3分）	6		
16	手指半自动车钩风管接头密封圈（3分）	口呼更换半自动车钩风管接头密封圈（3分）	6		
17	用时在20 min之内不扣分，每超过1 min扣2分		0		
合计				100	

表8-3 部件更换实训验收表

班级：＿＿＿＿ 姓名：＿＿＿＿ 学号：＿＿＿＿ 日期：＿＿＿＿				
序号	实训项点	分值	扣分	得分
1	手指车钩（5分），口呼车钩垂向高度不符合标准（10分）	15		
2	手指调整螺母（5分），口呼通过调整螺母对车钩高度进行调整（10分）	15		
3	手指车钩（10分），口呼车钩未对中（20分）	30		
4	手指调整螺栓（5分），口呼先松开三只螺栓1，然后松开两只螺母2（10分）	15		
5	手指调整螺栓（5分），口呼转动螺栓3调整车钩水平对中，使车钩与车体中心线保持一致（10分）	15		
6	口呼调整对中后（5分），先拧紧三只螺栓1，然后拧紧两只螺母2（5分）	10		
7	用时在20 min之内不扣分，每超过1 min扣2分	0		
合计		100		

六、思考题

1. 车钩的作用是什么?
2. 车钩是如何进行更换的?

实训九 辅助电源系统检修

扫一扫获取
本实训彩图

一、实训目的

（1）认识 SIV 的组成。
（2）掌握 SIV 的工作原理。
（3）了解 SIV 的检修工作内容。
（4）掌握 SIV 的检修工作方法。
（5）了解 SIV 的故障类型。
（6）了解 SIV 的故障处理思路。

二、实训原理

辅助逆变器（SIV，见图 9-1）供电系统为车辆辅助系统设备提供电源，是车辆电气牵引系统的重要组成部分。辅助逆变器为车辆空调机组及通风装置、空气压缩机、电加热器、交流照明等交流负载提供三相和单相交流电源。整流装置为车载各系统控制电路、直流照明、电动车门及车载信号与通信设备提供直流电源并给蓄电池组充电。扩展供电装置为列车提供 DC 24 V 控制电源。

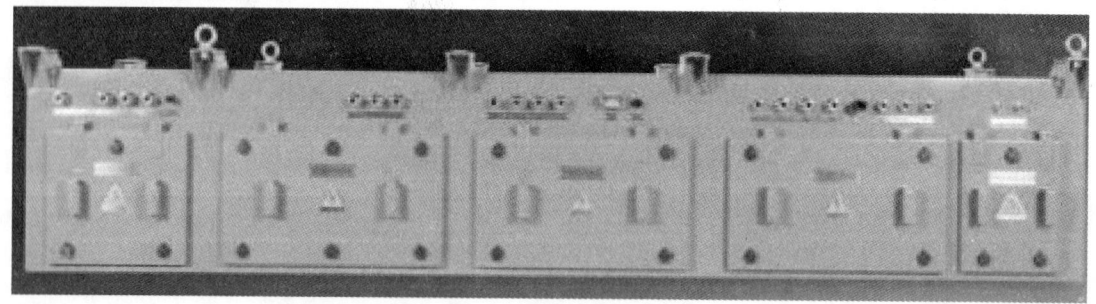

图 9-1　辅助逆变器

辅助电源系统教学培训平台由输入电源整流装置、辅助逆变器（SIV）装置、负载装置、培训控制系统等组成，如图 9-2 所示。

输入电源整流装置为辅助逆变器（SIV）装置提供输入模拟电源和控制电源。

辅助逆变器（SIV）装置由 SIV 装置、整流装置、扩展供电装置等组成。

负载装置为辅助逆变器（SIV）装置提供负载，SIV 装置用变频电动机做负载，整流装置用车载照明灯做负载，扩展供电装置用低压照明灯做负载。

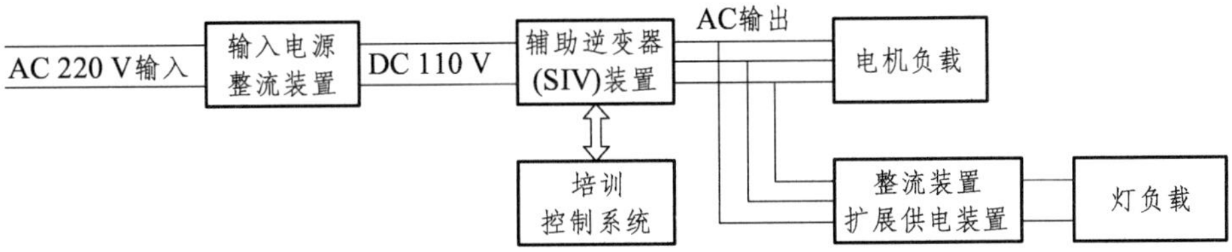

图 9-2 辅助逆变器教学平台框图

三、实训准备

（一）健康情况及知识要求

（1）实训人员的身体状况、精神状态良好。
（2）实训人员必须具备必要的辅助电源系统相关知识。

（二）安全要求

（1）实训人员按照实训室要求穿戴安全帽、工作服、护趾鞋等劳保用品。
（2）实训前必须开启实训室照明设备，保障实训时有足够亮度。
（3）实训时不允许穿凉鞋拖鞋、裙子、短裤，长发按要求束发。
（4）实训人员必须在安全区，未经现场实训老师同意不得进入设备区触摸或操作任何设备。

（三）实训设备

辅助逆变器。

（四）工器具

游标卡尺、砂纸（P1000 及以上密度）、绝缘电阻测试仪。

（五）实训时长及人数

（1）实训时长：6 课时（分 3 次，每次 2 课时）。
（2）每次实训容纳人数：10 人左右。

四、实训步骤

（一）认识辅助系统

逆变器箱是 SIV 系统的核心装置，它由预充电电路、三相逆变器单元、AC 滤波电路、控制放大器等组成。

装置的主要零部件如下：

（1）功率单元：1台。
（2）CRF单元：1台。
（3）电阻器盘（RC、RD）：1台。
（4）DCV单元：2台。
（5）电磁接触器（DCHK）：1台。
（6）电磁接触器（IVHBAR）：1台。
（7）电磁继电器（MKAR1、DCR）：2台。
（8）直流电容（FC）：4台。
（9）交流电抗器（ACL）：1台。
（10）交流电容（ACC）：1台。
（11）控制放大器：1台。
（12）试验开关（TSW）：1个。
（13）耐压试验连接器（TCN）：1个。

逆变器箱产品配置如图9-3和图9-4所示。

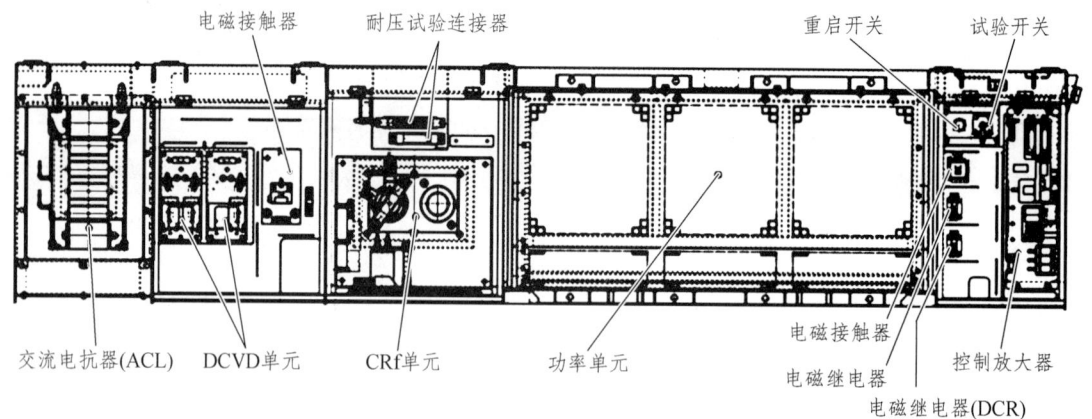

图9-3　逆变器箱（车侧面）产品配置

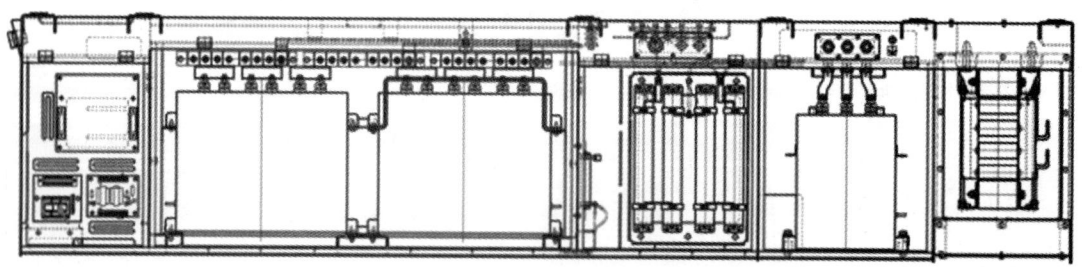

图9-4　逆变器箱产品配置

输入电源整流装置为辅助逆变器（SIV）装置提供输入模拟电源和控制电源。该装置可以模拟辅助逆变器（SIV）装置的输入电压，为其提供过压/欠压动作电压。该装置是一个可控硅整流系统，原理如图9-5所示，主要由柜体、断路器、接触器、熔断器、整流变压器、可控硅、可控硅触发控制器、同步电路、吸收保护电路、给定电路、辅助控制电路、冷却通风机、按钮开关、指示灯、传感器、显示仪表等组成。

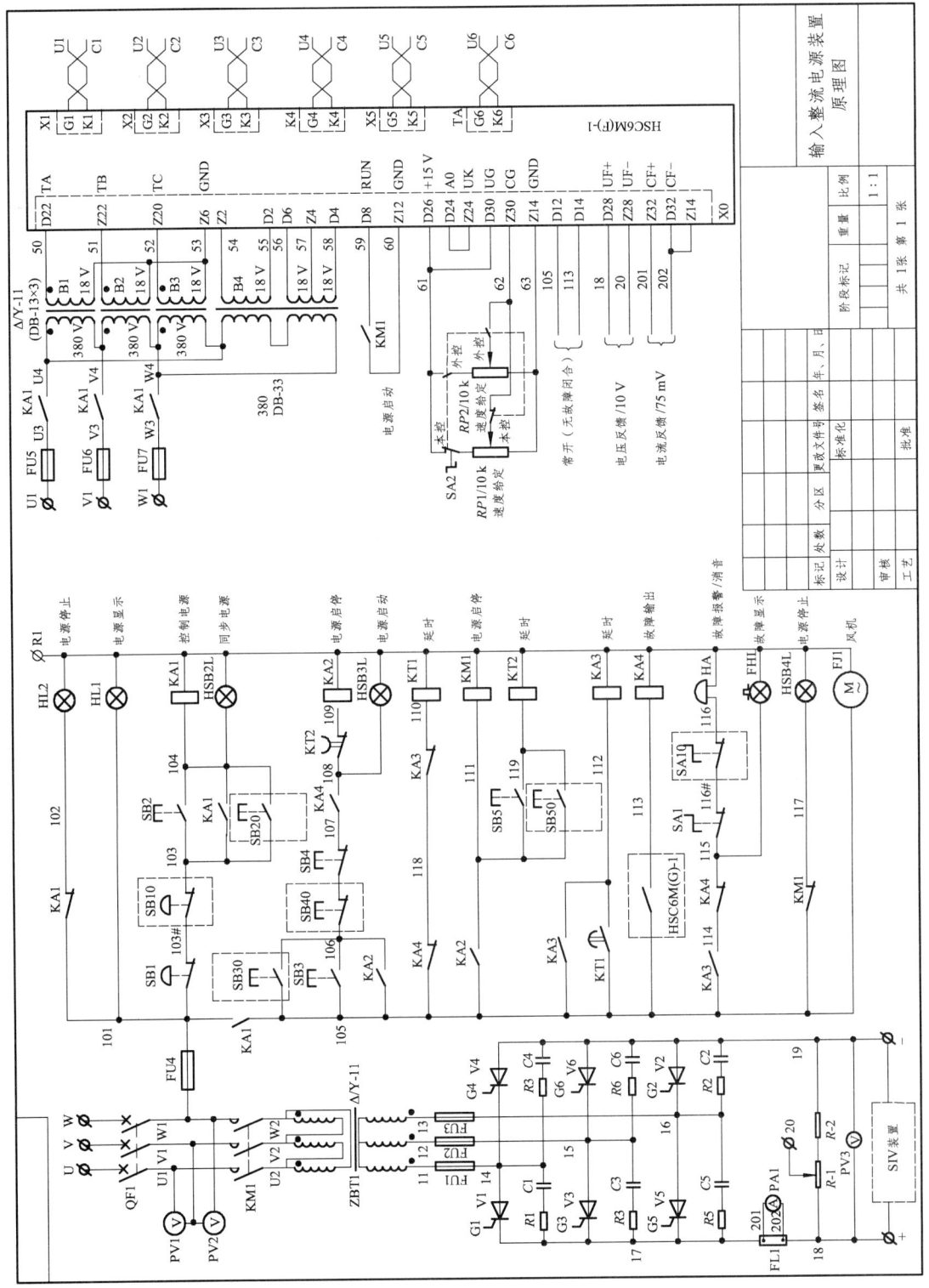

图 9-5 输入整流电源原理

主要技术参数:

输入电源:AC 220 V,50 Hz。

额定输出电压：DC 110 V。

电压变动范围：

性能保证：DC 90 V ~ DC 130 V。

动作保证：DC 80 V ~ DC 140 V。

辅助逆变器（SIV）装置由 SIV 装置、整流装置、扩展供电装置等组成，如图 9-5 所示。

辅助逆变器（SIV）采用斩波稳压加逆变方式的辅助电源电路结构，其主要由输入滤波电抗器、斩波器、逆变器、输出三相滤波器、隔离变压器、断路器、整流变压器、整流模块、DC/DC 转换模块、控制放大器等组成。逆变器输出经过三相滤波后，输出稳定的正弦三相交流电压作为驱动空调机、风机等三相交流负载电源。整流变压器、整流模块输出 DC 110 V 电源。DC/DC 转换模块输出 DC 24 V 电源。主电路如图 9-6 所示。

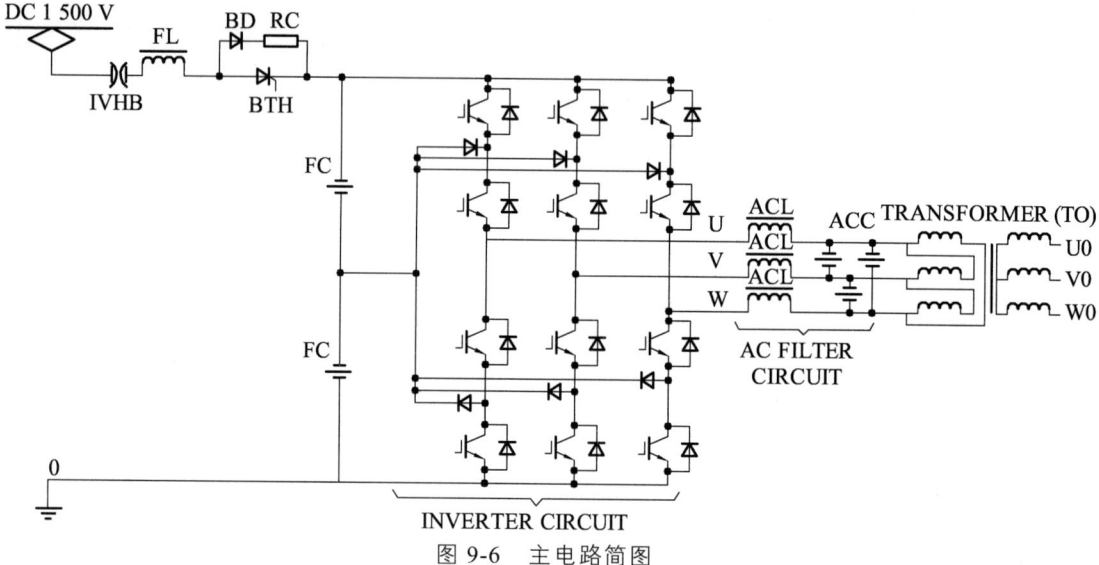

图 9-6 主电路简图

斩波器：DC/DC 斩波的闭环控制可以保持逆变器输入电压恒定，使三相逆变器输出电压不受输入电网电压波动的影响；斩波器的关键主电路器件采用 IGBT 模块。

逆变器：将输入 DC 电源逆变成三相交流电源供空调机、风机等使用，逆变器的关键主电路器件采用 IGBT 模块。通过输出滤波器和隔离变压器抑制输出谐波，提高逆变器的功率因数和负载的使用效率。

滤波器与隔离变压器：采用三相滤波装置和隔离变压器，实现输入与输出、交流负载和直流输出电源之间的电气隔离。

控制放大器：控制放大器是逆变器装置的核心，它能实现输出电压的稳定调节，频率的控制，系统信号检测，系统的控制，系统的保护。控制放大器主要用于完成外部状态信号检测与指令接收、辅变工作状态信息反馈、逆变单元控制等。控制放大器采用变频启动方式控制逆变器输出，电器负载的启动电流冲击小，有利于延长负载设备的使用寿命；控制放大器具有控制、保护、自诊断、自恢复、故障存储、LED 指示灯和汉字显示、数据传输、指令接收等功能。控制系统设有短路、过压、欠压、过流、过热、接地等故障保护功能，在保护信号消失后能自动恢复运行。

辅助逆变器（SIV）装置系统原理如图 9-7 所示。

实训九　辅助电源系统检修

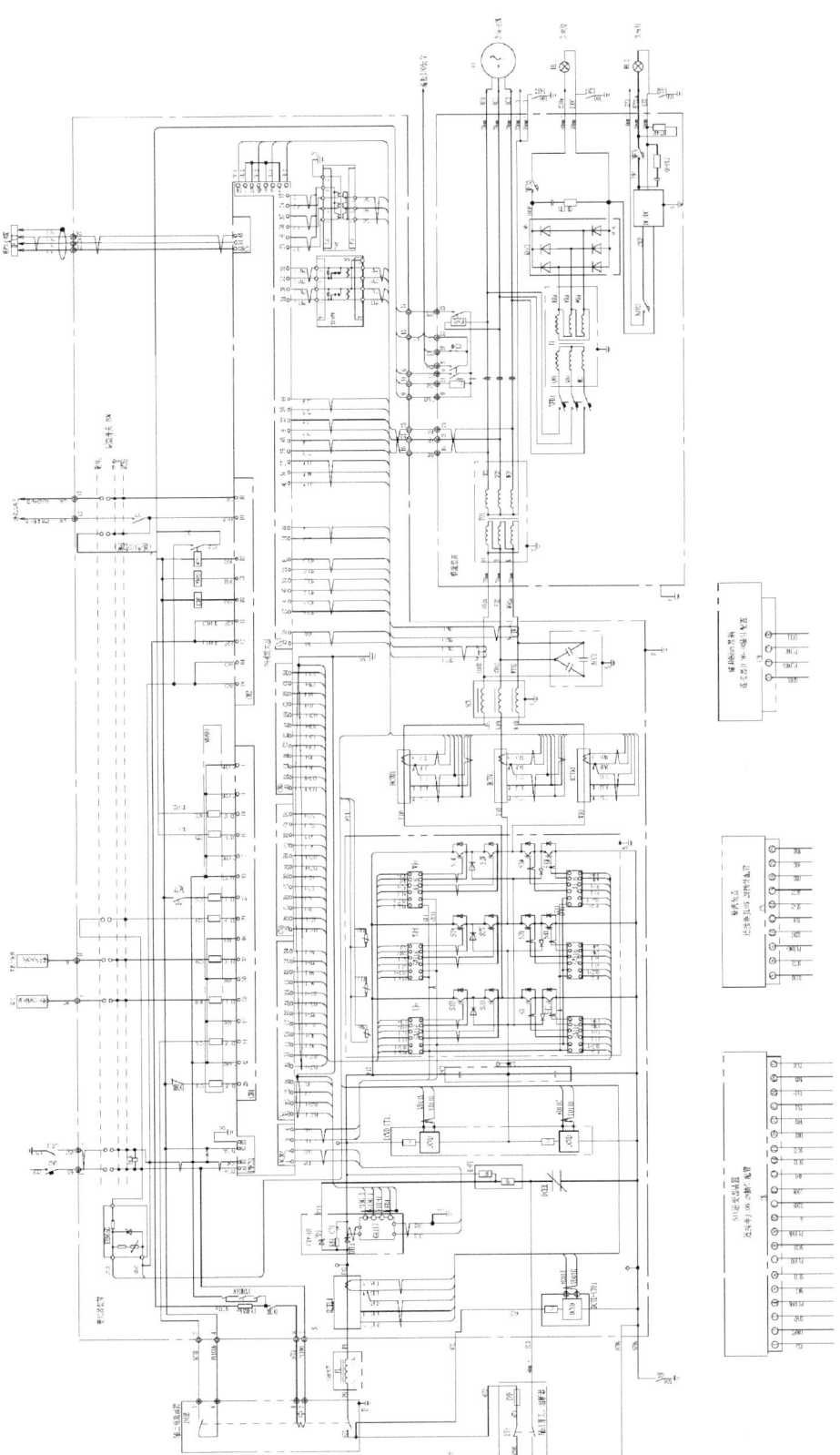

图 9-7　辅助逆变器装置系统原理

整流装置和扩展供电装置原理如图 9-8 所示。

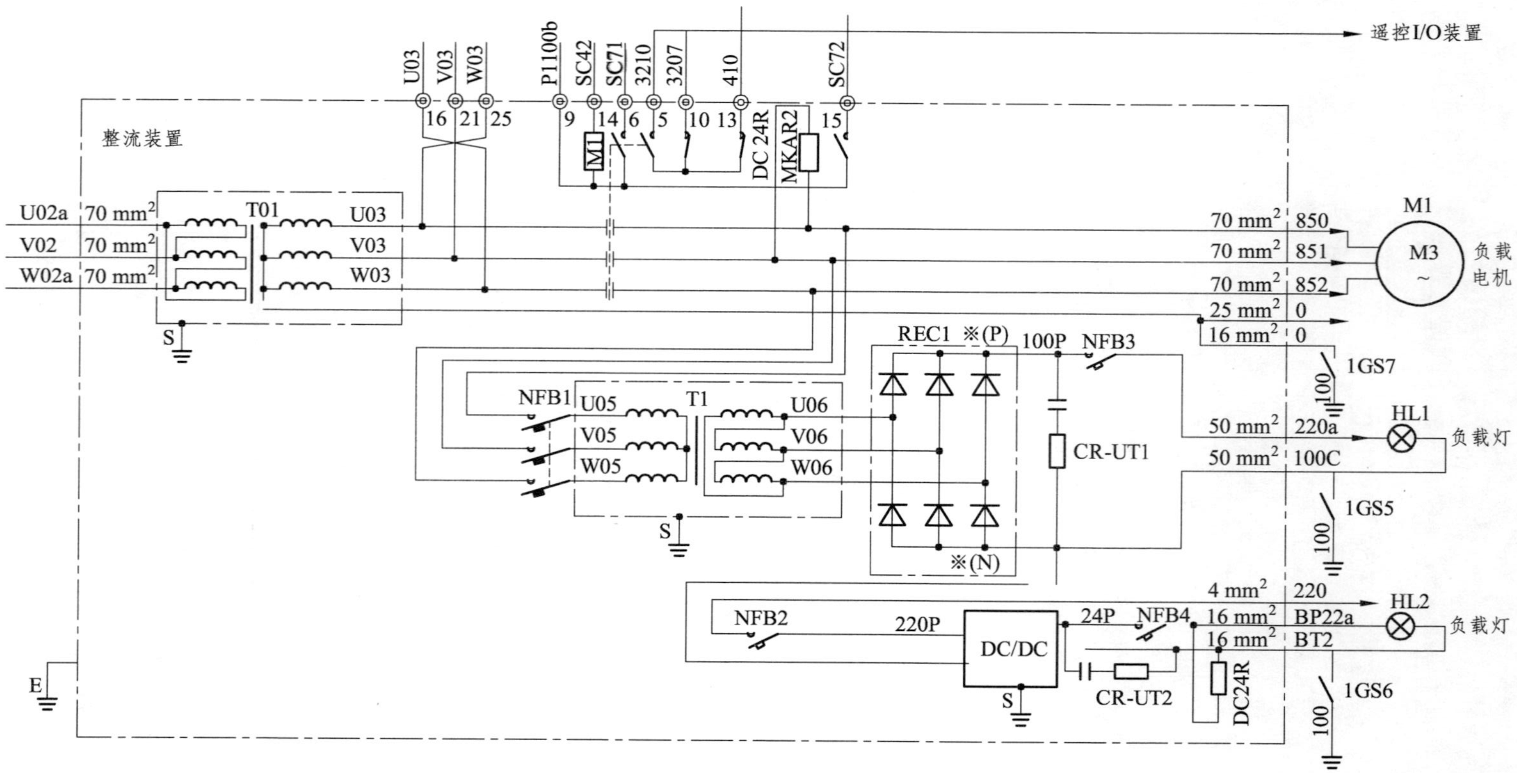

图 9-8 整流装置和扩展供电装置原理

（二）辅助系统的检修内容与方法

1. SIV 箱体

（1）检查外观无异常、无变形、无损伤，安装螺钉及吊挂螺栓无松动，防松线清晰无错位，开口销状态良好，箱盖锁闭状态良好。

（2）检查 SIV 箱体密封橡胶压痕均匀、明晰，弹性良好（变形量在 3 mm 以下）。

2. SIV 箱内

检查箱内配线无老化、无损伤，端子部位无异常、端子螺钉无松动，端子台、电线夹具无异常，鼻闻无异味，如图 9-9 所示。

图 9-9　SIV 箱内

3. SIV 控制放大器、电阻器、电磁接触器、继电器、扩展供电接触器箱

（1）检查 SIV 控制放大器，配线无破损。

（2）检查 SIV 逆变装置电阻器，外观无污损、变形。

（3）检查 SIV 逆变装置电磁接触器及继电器，外观无变形、变色及损伤。DCHK 接触器触头（见图 9-10）表面边缘无熔瘤，接触面无明显凹凸，否则进行修整。触头的厚度低于标准（可动侧触头厚度不小于 0.7 mm，固定侧触头厚度不小于 0.7 mm），需立即更换。对触头表面进行检查，如出现拉弧尖凸物需用砂纸（P1000 及以上密度）进行打磨处理，对接触件的厚度进行目视检查，如果小于 0.7 mm，需要使用游标卡尺进行测量确认。

（4）检查扩展供电接触器箱，外观无异常，箱盖无变形，安装螺栓无松动，防松线清晰无错位。

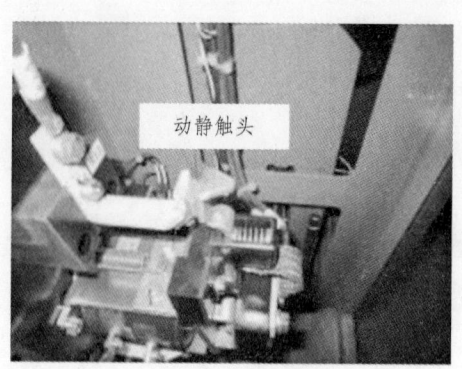

图 9-10　动静触头

（三）绝缘电阻试验、耐压试验方法

进行逆变器箱和整流装置的绝缘电阻、耐压试验时的操作部位如图 9-9 和图 9-10 所示。

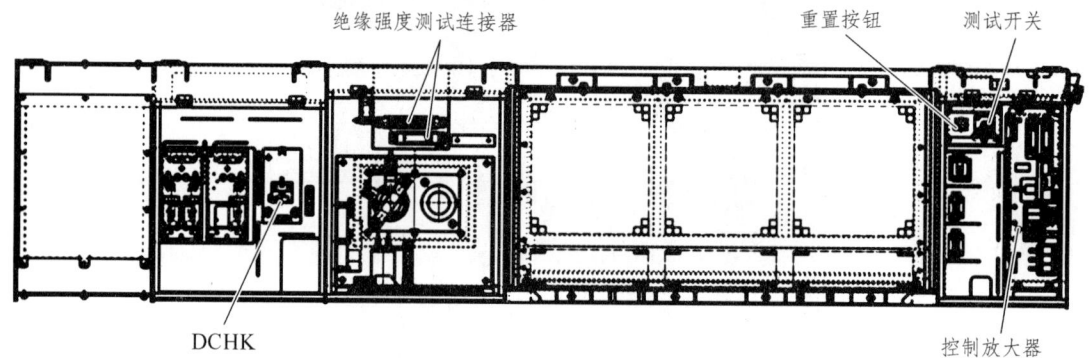

图 9-11　逆变器箱的绝缘电阻、耐压试验时操作部位

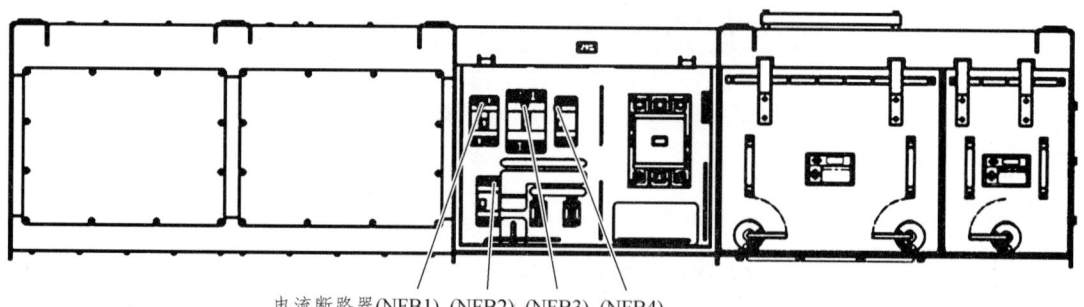

图 9-12　整流装置的绝缘电阻、耐压试验时操作部位

绝缘电阻测量方法：

（1）关闭电源、让 SIV 处于完全停止的状态。

（2）停止后，静置 3 min 以上。

（3）打开开关熔断器箱的箱盖。

（4）打开开关箱的箱盖。

（5）打开整流装置箱盖，把 NFB1～4 置于"OFF"位。打开耐压试验连接器/开关的箱盖，把耐压试验连接器（TCN）从"正常"位切换到下侧的"试验"位。

（6）打开逆变器箱右端的箱盖，把实验开关（TSW）从"正常"切换到"耐压"位置。

（7）打开逆变器功率单元靠左的箱盖，打开耐压试验连接器/开关箱盖，把耐压连接器（TCN）从"正常"位置切换到"试验"位置。

（8）拆下控制放大器的所有连接栓（PWCN1、PWCN2、CN1～CN7）。

（9）使用500 V兆欧表测量控制电路（DC 110 V）绝缘值。使用1 000 V兆欧表测量高压电路（DC 1 500 V电路）、低压电路（AC 380 V电路）绝缘值。

（10）测定结束后将逆变器箱的试验开关（TSW）、耐压试验连接器（TCN）回到"正常"位置，把控制放大器连接栓置回原位，关闭箱盖。

（11）把NFB1～4拨回到"ON"位，关闭箱盖。

（12）开关箱的GS2/各种LGS置回"CLOSE"位，关闭点检箱盖。

（13）开关/熔断器箱的IVS置回"CLOSE"位，关闭点检箱盖，完成作业。

五、实训验收

实训验收包括设备认知实训验收、检修作业实训验收和绝缘电阻/耐压试验实训验收。每个实训验收为100分，及格分为90分。实训验收内容如表9-1、表9-2、表9-3所示。

表9-1 设备认知实训验收表

班级：	姓名：	学号：	日期：		
序号	实训项点	分值	扣分	得分	
1	手指功率单元（3分），口呼功率单元（5分）	8			
2	手指CRF单元（3分），口呼CRF单元（4分）	7			
3	手指电阻器盘（3分），口呼电阻器盘（4分）	7			
4	手指DCV单元（3分），口呼DCV单元（4分）	7			
5	手指电磁接触器（DCHK）（3分），口呼电磁接触器（DCHK）（4分）	7			
6	手指电磁接触器（IVHBAR）（3分），口呼电磁接触器（IVHBAR）（4分）	7			
7	电流连接：手指电流连接（3分），口呼电流连接（4分）	7			
8	手指电磁继电器（MKAR1、DCR）（3分），口呼电磁继电器（MKAR1、DCR）（5分）	8			
9	手指直流电容（FC）（3分），口呼直流电容（FC）（4分）	7			
10	手指交流电抗器（ACL）（3分），口呼交流电抗器（ACL）（4分）	7			
11	手指交流电容（ACC）（3分），口呼交流电容（ACC）（4分）	7			
12	手指控制放大器（3分），口呼控制放大器（4分）	7			
13	手指试验开关（3分），口呼试验开关（4分）	7			
14	手指耐压试验连接器（3分），口呼耐压试验连接器（4分）	7			
15	用时在5 min之内不扣分，每超过1 min扣2分	0			
	合计	100			

表 9-2　检修作业实训验收表

班级：_____　姓名：_____　学号：_____　日期：_____

序号	检修作业内容		分值	扣分	得分
1	手指 SIV 箱体（10 分）	箱内配线无老化、无损伤，端子部位无异常、端子螺钉无松动，端子台、电线夹具无异常（30 分）	40		
2	手指 SIV 控制放大器（10 分）	口呼配线无破损（20 分）	20		
3	手指 SIV 逆变装置电阻器（10 分）	口呼外观无污损、变形（10 分）	20		
4	手指 SIV 逆变装置电磁接触器及继电器（10 分）	口呼外观无变形、变色及损伤（10 分）	20		
5	用时在 15 min 之内不扣分，每超过 1 min 扣 2 分		0		
	合计		100		

表 9-3　绝缘电阻/耐压试验实训验收表

班级：_____　姓名：_____　学号：_____　日期：_____

序号	实训项点	分值	扣分	得分
1	口呼绝缘电阻测量方法（50 分）	50		
2	口呼绝缘耐压试验方法（50 分）	50		
3	用时在 15 min 之内不扣分，每超过 1 min 扣 2 分	0		
	合计	100		

六、思考题

1. 辅助电源系统的主要作用是什么？
2. 辅助电源系统都包括哪些主要设备？

实训十 车门系统检修

扫一扫获取
本实训彩图

一、实训目的

（1）认识车门。
（2）了解车门的尺寸类型。
（3）掌握内藏门的工作原理。
（4）掌握塞拉门的工作原理。
（5）掌握司机室门的工作原理。
（6）掌握内藏门的工作内容及检修方法。
（7）掌握塞拉门的工作内容及检修方法。
（8）掌握司机室门的工作内容及检修方法。
（9）掌握车门尺寸的调整方法。

二、实训原理

内藏门的总体结构如图10-1所示。

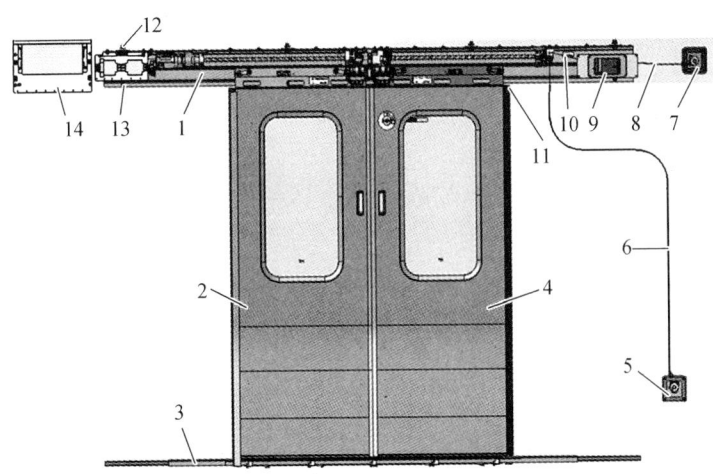

1—承载驱动机构；2—左门扇；3—下导轨组件；4—右门扇；5—外操作装置；6—外操作钢丝绳组件；
7—内操作装置；8—内操作钢丝绳组件；9—内操作装置；10—内操作钢丝绳组件；
11—上密封毛刷；12，13—垫片；14—门控器组件。

图10-1 康尼内藏门总体结构

三、实训准备

（一）健康情况及知识要求

（1）实验人员的身体状况、精神状态良好。

（2）实验人员必须具备必要的车辆构造相关知识。

（二）安全要求

（1）实验人员按照实训室要求穿戴安全帽、工作服、护趾鞋等劳保用品。

（2）实训前必须开启实训室照明设备，保障实训时有足够亮度。

（3）实训时不允许穿凉鞋拖鞋、裙子、短裤，长发按要求束发。

（4）实验人员必须在安全区，未经现场实训老师同意不得进入设备区触摸或操作任何设备。

（三）实训设备

客室车门调试及故障处理培训平台。

（四）工器具

螺丝刀、钢板尺、卷尺、13 mm 叉口扳手、塞尺、量块、四角钥匙、长毛刷、抹布、手电筒、25 mm×60 mm 检测试验块。

（五）实训时长及人数

（1）实训时长：6课时（分3次，每次2课时）。

（2）每次实训容纳人数：10人左右。

四、实训步骤

（一）认识车门系统

车门结构如表 10-1 和图 10-2 所示。

表 10-1　车门结构

序号	名称	序号	名称
1	安装架	5	内部紧急出口装置
2	承载驱动机构	6	右门扇
3	左门扇	7	外部紧急入口装置
4	上密封毛刷	8	下导轨

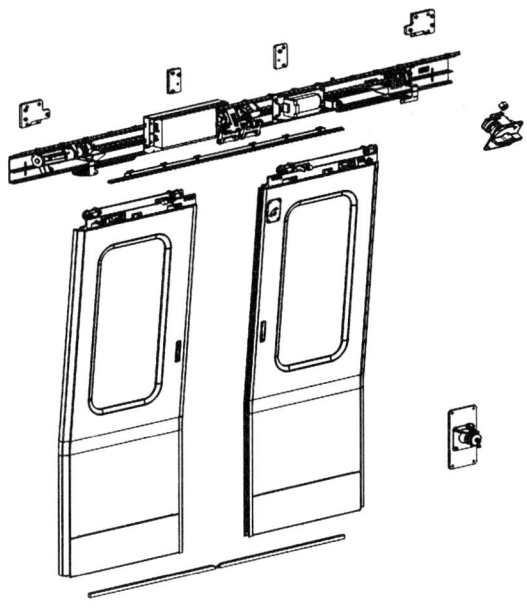

图 10-2　车门结构

（1）接口部件如图 10-3 所示，该部件包括安装架（4 件）、上毛刷（1 件）、下导轨（2 根）和调整垫片。安装架和调整垫片用于承载驱动机构与车体之间的连接，满足接口要求。上毛刷用于门扇与车体上部配合密封，保证门扇上部的防水密封性。下导轨安装在车体下部，保证门扇下部的正确导向运动和门的可靠运行。

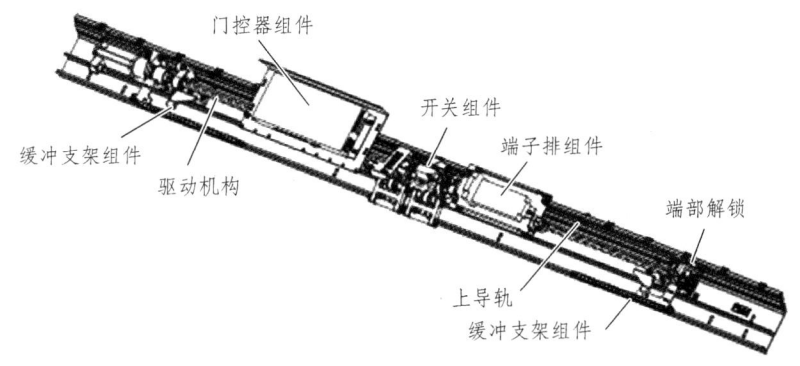

图 10-3　车门接口部件

（2）承载驱动机构如图 10-4 所示，驱动机构采用模块化设计制造，通过各个组件的支撑座安装在上导轨上，所有部件易于接近，便于在车内进行维护、调整。其中，左铰链螺母组件与左门扇相连，右铰链螺母组件与右门扇相连，门扇的运动由电机驱动丝杆来实现。门扇通过左、右铰链螺母实现门系统的开、关门动作。丝杆为不锈钢大螺距丝杆，螺母采用高强度 POM 材料，传动效率高，寿命长。驱动电机采用直流无刷电机，防护等级 IP44，具有长寿命、免维护的特性。

（3）门扇如图 10-5 所示，门板为弧形、铝蜂窝复合结构，具有铝框架，外蒙板采用不锈钢板（与车体侧墙一致的进口不锈钢板），内蒙板采用铝板，门扇内部填充热固化的铝蜂窝芯。为增加机械强度，蒙板的周边都包在铝框架上。

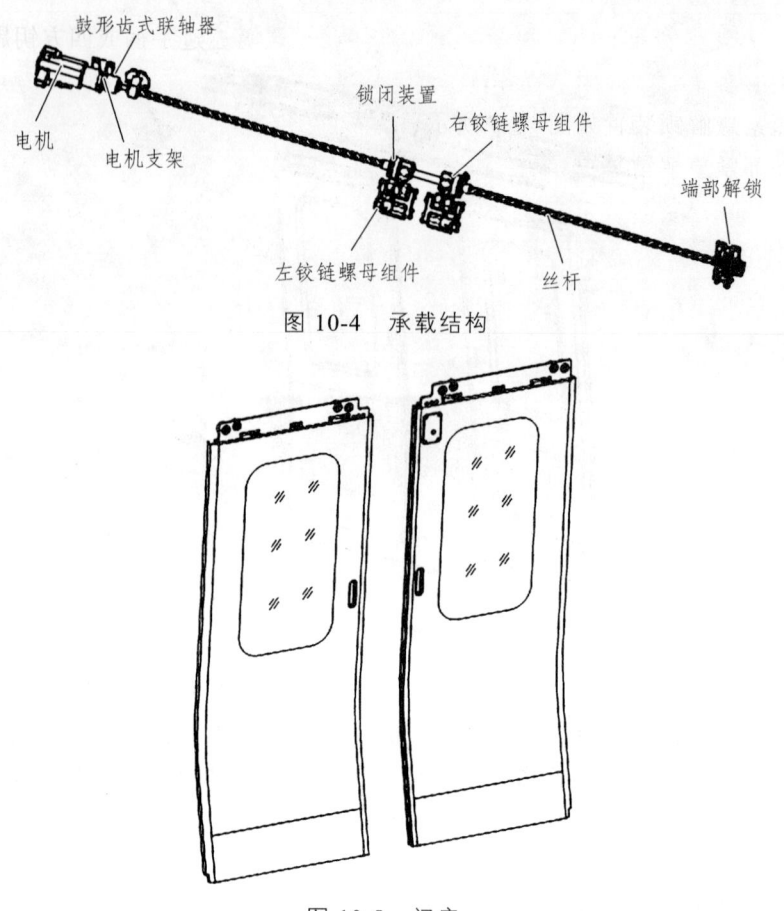

图 10-4 承载结构

图 10-5 门扇

携门架与门扇之间设有高度调整垫片，通过加减调整垫片，来调节门扇之间的位置和高度。

（4）内部紧急解锁装置如图 10-6 所示，紧急出口装置—内部紧急解锁装置，安装在车辆顶罩上，通过钢丝绳与端面解锁装置连接。为了能够在紧急情况下解锁并打开门，承载驱动机构上装有一把手柄（可根据客户要求提供）和 7×7 四方钥匙芯。乘务员或乘客旋转手柄或使用四方钥匙操作内操作装置的锁芯，通过钢丝绳使门驱动装置上的丝杆转动，从而使传动螺母旋转将门解锁，并使端面解锁上的解锁开关动作。操作内部解锁装置后，装置将被定位在解锁状态。

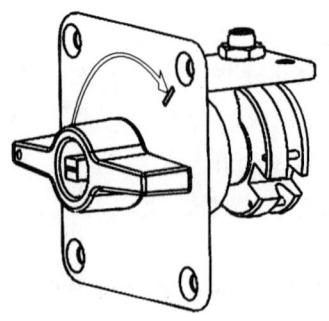

图 10-6 内部紧急解锁装置

如果操作了内部解锁装置，必须在列车重新启动之前通过手柄或四方钥匙使之复位，内部解锁装置的复位将激活门的操作。

（5）外部紧急解锁装置如图10-7所示，为了能够在紧急情况下解锁并打开门，在车体外墙上装有外部紧急解锁装置。乘务员使用7×7四方钥匙操作外操作装置的锁芯，通过钢丝绳使门驱动装置上的丝杆转动，从而使传动螺母旋转将门解锁，并使端面解锁上的解锁开关动作。操作外部紧急解锁装置后，装置将被定位在解锁状态。

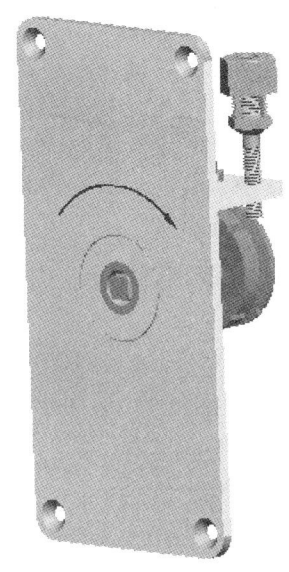

图10-7 外部紧急解锁装置

（6）门的隔离。

可以通过门的控制系统实现电隔离。在每套门系统的右门扇（从内往外看）上装有一把退出服务锁，以实现门的机械隔离。可以手动将门移至关闭且锁紧的位置（万一门出现故障，乘务员可从内侧或外侧用7×7四方钥匙实现门的机械隔离）。

（7）门系统诊断。

诊断系统的目的是自动查找并指明功能故障，以引导操作人员根据技术说明使门隔离，或指导服务人员查找并维修故障。

为了进行诊断，电子门控器（EDCU）提供：

① 红色LED，指明输出电子门控器控制信号的电平。

② 绿色LED，指明输入电子门控器控制信号的电平。

③ 诊断软件模块，连续监控门功能，通过似真性检查查找不正常的情况。

④ 数码管数值显示，指明当前发生的故障编码。诊断代码在红色"ERROR"LED上通过闪动编码指明。通过红色"ERROR"LED常亮来表示EDCU的硬件故障或系统存储器的软件丢失。通过便携式计算机和DSS诊断软件读取并存储EDCU的诊断数据。

⑤ 诊断数据将通过门总线系统传输到列车管理系统（TCMS）。

LED输入和输出指示如图10-8所示。

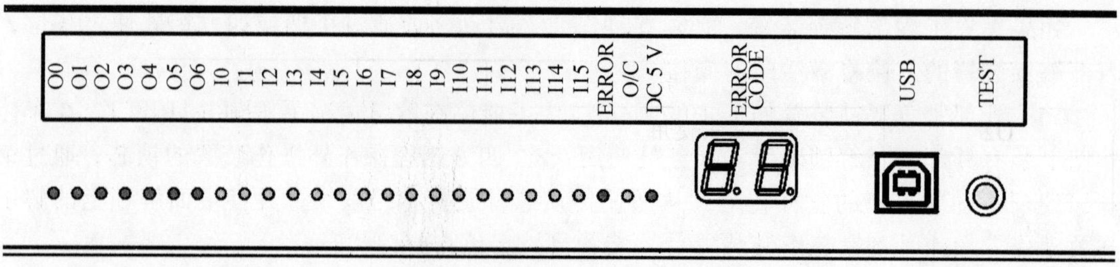

图 10-8　EDCU 面板 LED 指示灯

电子门控器前面板上的 LED/数码管能够确保无须任何测量手段即可检查门系统。指示内容如下：

① O0～O6：输出信号的逻辑电平（红色）。

② I0～I15：输入信号的逻辑电平（绿色）。

③ ERROR：主要故障指示（红色）。

④ O/C：安全继电器状态，门驱动电机启动（开门方向或关门方向）（绿色）。

⑤ DC5V：内部电压（红色）。

⑥ ERROR CODE：故障代码指示。

电子门控器前面板上的 LED 表示的信号如表 10-2 和表 10-3 所示。

表 10-2　电子门控器前面板上的 LED 显示

LED	信号	状态
I0	紧急解锁开关	"亮"=门紧急解锁
I1	锁到位开关	"灭"=门锁到位
I2	隔离开关	"灭"=门隔离
I3	安全互锁回路	"1"=安全互锁回路输入端高电平
I4	关到位开关	"灭"=门关到位
I5	安全互锁回路	"1"=安全互锁回路输出端高电平
I6	门地址编码	"亮/灭"=位 1
I7	门地址编码	"亮/灭"=位 2
I8	门地址编码	"亮/灭"=位 3
I9	未使用	
I10	开门列车线	"亮"=开门
I11	关门列车线	"亮"=关门
I12	门再开闭列车线	"亮"=再开关门
I13	零速列车线	"亮"=车速不大于 5 km/h
I14	未使用	
I15	未使用	
O0	内侧车门指示灯	"亮"=内侧车门指示灯亮
O1	车门切除指示灯	"亮"=车门切除指示灯亮

续表

LED	信号	状态
O2	未使用	
O3	蜂鸣器	"1"=鸣叫
O4NC	未使用	
O5NC	外侧车门指示灯	"1"=指示灯灭
除了以上所述的所有输入输出口配有 LED 外,以下元件及功能也配有 LED		
ERROR	主要故障指示	"亮"=主要故障
LED 数码管	故障代码指示	编号=当前产生的故障代码
O/C	安全继电器状态和开/关门状态指示	"亮"=内部安全继电器闭合 "闪烁"=门驱动电机处于开/关门状态
5VDC	5 V 电源指示	"亮"=EDCU 内部 5 V 电源电压正常

表 10-3　闪动编码、诊断编码和优先级总结

闪动编码	数字显示	诊断编码	功能	优先级	名称	操作备注
1x	0.1	1	b	主要	门驱动电机电路断路	门运动停止并处于释放状态。如满足开门或关门条件,则门尝试再次运动。应检查此门或隔离此门
2x	0.2	2	a	主要	限位开关"锁到位"故障	门将立即关闭,不响应开门指令。应隔离此门
2x	0.3	2	a	主要	限位开关"关到位"故障	门将立即关闭,不响应开门指令。应隔离此门
3x	0.4	3	b	主要	门 3 s 内没有解锁	门运动停止并处于释放状态。如满足开门或关门条件,则门尝试再次运动。应检查此门或隔离此门
4x	0.5	4	b	主要	门位置传感器故障	门尝试运动。应隔离此门
5x	0.6	5	b	次要	在固定次数的失败关门过程后,关门过程中的障碍检测触发	关门运动的次数可以通过 DDS 软件进行设定
6x	0.7	6	b	次要	开门过程障碍检测触发达到指定次数	在 3 次开门尝试后,门停下来并接受这一位置为最大可达开门位置
7x	0.8	7	b	主要	EDCU 内部安全继电器故障	门尝试运动。应隔离此门
8x	0.9	8	b	主要	门未经许可离开关锁到位位置	尝试关门,如满足开门或关门条件,则门尝试再次运动。应隔离此门
9x	1.0	9	a	主要	门锁闭装置故障	在没有任何开门进程的情况下,门位置传感器检测到数次门向开门方向偏移一定距离

续表

闪动编码	数字显示	诊断编码	功能	优先级	名称	操作备注
10x	1.1	10	c	轻微	EDCU 输出口 O0 短路	内侧车门指示灯输出口
10x	1.2	10	c	轻微	EDCU 输出口 O1 短路	车门切除指示灯输出口
10x	1.3	10	c	轻微	EDCU 输出口 O3 短路	蜂鸣器输出口
11x	1.4	11	b	主要	大于 5 km 紧急解锁异常	
12x	1.5	12	c	轻微	诊断存储故障	所有存储中的诊断数据丢失
13x	1.6	13	b	主要	安全互锁回路异常故障	门尝试运动，应隔离此门
14x	1.7	14	b	轻微	车门开门超时故障	再次操作开门，如依然故障，将车门关好后隔离，回库后检修
15x	1.8	15	b	轻微	车门关门超时故障	再次操作关门，如依然故障，将车门关好后隔离，回库后检修

（二）车门系统的检修内容与方法

1. 无电检查

（1）检查外观无异常，安装螺钉及吊挂螺栓无松动，防松线清晰无错位，开口销状态良好无变形、无损伤，箱盖锁闭状态良好。

（2）检查门板表面、客室门罩板、门控器罩板、门板凹陷拉手处清洁、无污渍；检查左右门板安装平整，油漆完好。门在关闭状态情况下，用双手向外用力推动门扇，门扇无松动，无开缝。

（3）用螺丝刀检查门挡安装螺钉，有松动则需取出螺钉重新打螺纹紧固胶后紧固。

（4）检查门扇与门框间隙均匀，车门胶条无破损，玻璃无破损、无起雾现象。

（5）用螺丝刀依次检查门槛和外门框螺钉无松动、无缺失。

（6）检查单个门扇与门吊板组成的平行度：选取门吊板组成前后 T 形螺栓安装孔位置，用钢板尺检查门扇与门吊板组成不平行度小于 2 mm。

（7）检查门 V 形：将车门拉至一级锁闭位，用卷尺测量距离门板上下 300 mm 位置胶条后部门板型材间宽度（上宽度 a，下宽度 b），算出门 V 形 $c=a-b$ 需满足 $0 \leqslant c \leqslant 3$ mm。

（8）检查门板吊挂螺栓防松标识清晰、无错位。

（9）用 13 mm 叉口扳手校验门板吊挂螺栓紧固到位。

（10）检查密封毛刷无松脱、无破损、无脱毛。

（11）检查上导轨无异常磨损、凹坑变形。

（12）用扳手校验紧固螺栓安装状态。

（13）用抹布清洁上导轨。

（14）检查驱动电机、主动轮、齿带、从动轮等设备的紧固螺栓防松标识清晰、无错位。

（15）用手触摸齿带张紧力适中，拉动门扇齿带无打滑现象，齿带运行过程中无异响。

（16）检查电磁铁线圈无泛黄等异常变色。

（17）用手轻轻拨动各接线确认无松动。

（18）用手拨动锁钩，电磁铁动作无卡滞，手动转动锁闭撞轴轴套确认无卡滞。

（19）用手电照射行程开关，检查开关外观无裂纹。

（20）手动检查确认行程开关安装牢固。

（21）打开车门，用手触发锁闭到位开关和门板到位开关，开关动作灵活，声音清脆，释放缓慢，确认无卡滞。

（22）用手轻轻拨动各引脚接线确认无松动。

（23）门板到位开关和锁闭开关触发后与碰铁间隙测量：用塞尺测量门板到位开关和锁闭开关触发后与碰铁间隙为 1.5~2.3 mm。

（24）锁闭行程开关壳体左侧边缘到锁钩左侧边缘尺寸：用量块检测锁闭行程开关壳体左侧边缘到锁钩左侧边缘尺寸 42~45 mm，开关触发后有 2~3 mm 的剩余行程。

（25）用量块检测左右门板行程开关到导轨面的安装高度：壳体下边到开关碰片下边的尺寸为 23~25 mm。

（26）用量块检测左右门板开关的触发滚柱中心到开关碰片下边边缘的距离：左门板开关 37~39 mm，右门板开关 34~36 mm。

（27）把锁钩放置在 1 级锁闭撞栓与 2 级锁闭撞栓之间，门到位开关不能触发。

（28）门板到位开关和锁闭开关触发后，开关滚轮中心线距离触发平面左边缘尺寸：2.5~4 mm，目视检查滚轮中心已处于平面上。

（29）检查门板到位开关、锁闭开关左右侧相对于安装块倾斜度小于 0.5 mm。

（30）用塞尺测量锁钩与锁闭撞轴之间的间隙小于 1 mm。

（31）手动打开锁钩，慢慢使锁钩锁闭，当锁闭开关刚被触发时，停止锁闭锁钩，向开门方向拉车门，车门不能被打开。

（32）检查承载轮与防跳轮安装紧固，防松标识清晰、无错位，承载轮、防跳轮无污渍、无破损。

（33）检查内紧急解锁操作手柄及玻璃罩无破损，手动检查解锁钢丝绳无松脱、断股，解锁钢丝绳固定螺母无松动。

（34）手动检查紧急解锁弯管无松动。

（35）用四角钥匙转动外紧急解锁至开位置，再用手向外拉动盖板打开外紧急解锁，解锁功能正常。复位时，按压盖板内挡销后关闭盖板，用四角钥匙将紧急解锁打至复位，车门自动关闭。

（36）检查橡胶头紧固螺栓无松动，橡胶头无破损，止挡安装座安装紧固，无松动。

（37）检查行程开关碰座无变形，手动检查安装螺栓无松动。

（38）目视检查下导轨安装螺栓防松标识清晰、无错位，有错位则需取出螺栓重新打螺纹紧固胶后紧固，若防松标识不清晰则用十字螺丝刀紧固螺栓后画好防松标识，防松标识与导轨安装方向平行，左右导轨防松标识分别朝向两侧滑槽方向。

（39）用长毛刷或抹布清洁滑道两侧积尘，用手电筒照射检查侧墙夹壁滑道两侧，如有颗粒物，须采用细长钩勾出颗粒物，无法取出时须拆卸门板进行清洁，保证车门运动顺畅。

（40）检查门控器、电机、编码器安装牢固。

（41）用手轻轻拨动各接线、插头、行程开关和空气开关接线确认无松动，且在开关门时线无接磨与受力。

（42）检查门控器插头接线良好，插头完全插入插座内，用手将门控器上各插头轻轻往里推，确保无松动脱落，连接器端部接线余量大于 10 mm。

（43）检查开关门、隔离指示灯、蜂鸣器外观无损坏。

（44）用手拨动接线，检查指示灯和蜂鸣器接线无松动。

（45）用四角钥匙隔离车门，检查机械隔离情况；隔离时，隔离锁舌能正确触发隔离行程开关。

（46）手动开关门时，确认门扇无卡滞和异响，锁闭时锁钩与锁闭撞轴钩锁牢固。

（47）密封胶条表面喷涂橡胶保护剂。

2. 有电检查

（1）检查车门动作无卡滞、无异响。

（2）防夹功能正常，防夹状态显示正常：用 25 mm×60 mm 检测试验块垂直于门板（25 mm 检测面水平放置），分别测试门板上、中、下三处，前两次门应再开启，第三次门处于防夹宽度基础上再打开 200 mm 状态，防挤压试验后，查看车门颜色显示白色。

（三）车门系统调整

1. 门扇高度调整

调整左右门扇上的承载轮组件来微调整个门扇的高度，要求门扇下沿距下导轨安装面的距离约为（9±1）mm（门口中心附近），如图 10-9（a）所示。

注意：在调整高度时必须是左右承载轮对等调整。

当调整承载轮组件不能满足（9±1）mm 尺寸要求时，可以通过增减在门扇的携门架与门板之间的调整垫片来进行调整，如图 10-9（b）所示。

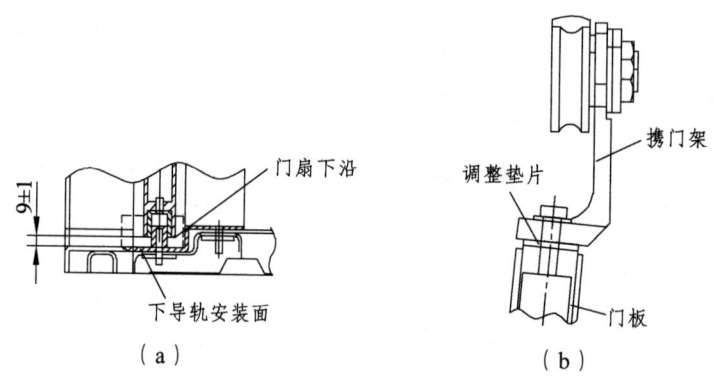

图 10-9　门高度调整

2. 门扇 V 形调整

调整门扇 V 形，要求两页门扇 $X2$ 比 $X1$ 大 1~3 mm（见图 10-10）。具体调节方法：将左右两扇门关闭，接近关到位，调整左右门扇的两侧承载轮。

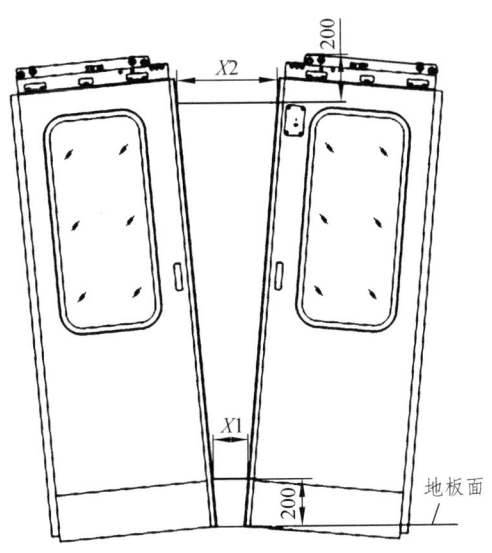

图 10-10　V 形调整

3. 防跳轮的调整

调节防跳轮上的偏心轴使其与上导轨上的圆弧贴合，间隙为 0.2 mm 左右。

(1) 调整方法一。

① 在上导轨上圆弧面上贴上厚为 0.2 mm、宽至少为 15 mm 的胶带（也可用其他材料代替）两处，间距与门板上防跳轮间距相等。

② 将门移至导轨贴胶带处，使防跳轮与胶带对正。

③ 松开防松螺母，用内六角扳手旋转防跳轮偏心轴，使防跳轮外圈与上导轨上圆弧面胶带轻微接触。

④ 按规定扭矩紧固防松螺母并检查压紧防松轮与固定防松轮之间齿是否完全啮合。

⑤ 在防松螺母上涂防松标记漆。

⑥ 移动门板，在上导轨圆弧面上撕下胶带，如圆弧面处有胶，应及时清除，如图 10-11 所示。

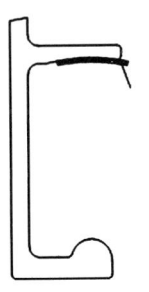

图 10-11　上导轨圆弧面上胶带

(2) 调整方法二。

① 松开防松螺母，用内六角扳手旋转防跳轮偏心轴，使防跳轮外圈与上导轨上圆弧面接触。

② 反旋防跳轮偏心轴，使压紧防松轮与固定防松轮之间转动一个齿，按规定扭矩紧固

防松螺母并检查压紧防松轮与固定防松轮之间齿是否完全啮合。

③在防松螺母上涂上防松标记漆。

注意：在调整好承载轮和防跳轮的高度后，一定要使压紧防松轮与固定防松轮齿部啮合。否则，在门扇运动过程中，上述部位有松动的危险，如图10-12所示。

图 10-12　承载轮和防跳轮

④承载轮和防跳轮调节完成之后，将止动垫片翻起，如图10-13所示。

图 10-13　止动垫片

4. 门扇对中调整

转动丝杆使两扇门同步移动到某个位置，用 5 m 钢卷尺测量左右门扇前缘（门板和前缘密封胶条形成的结合线）和左右门框侧面之间的距离 $X1$、$X2$（在距地板面 1 350 mm 处测量），要求 $|X1-X2|≤1.5$ mm。

如果对中度不能满足要求，则须用两用扳手松开左右铰链螺母组件上的六角薄螺母，调节左右旋螺母组件在螺纹套上的位置，调整完成后用扭矩扳手将六角薄螺母稍微并紧，如图10-14所示。

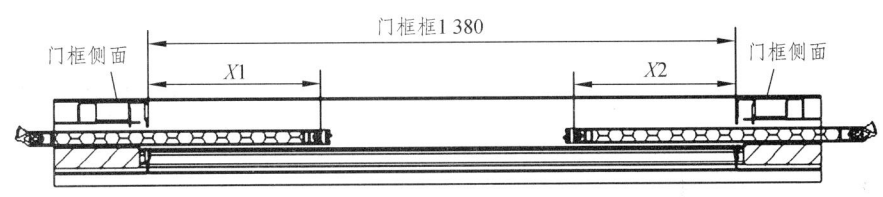

图 10-14 对中

5. 门的开度调整

将左右门扇开门到位，用 5 m 钢卷尺测量门系统开度（在离地板面 1 m 处），要求（1 300+100）mm，如果达不到要求则须调节左右缓冲头位置。具体调节方法：先用两用扳手旋松六角螺母，左右调整缓冲头位置，调整到位后用扭矩扳手按规定扭矩值拧紧六角螺母 M8 并打螺纹锁固胶（"乐泰 243"）。

注意：开门到位后左右携门架上的缓冲头分别和缓冲支架同时接触，如图 10-15 所示。

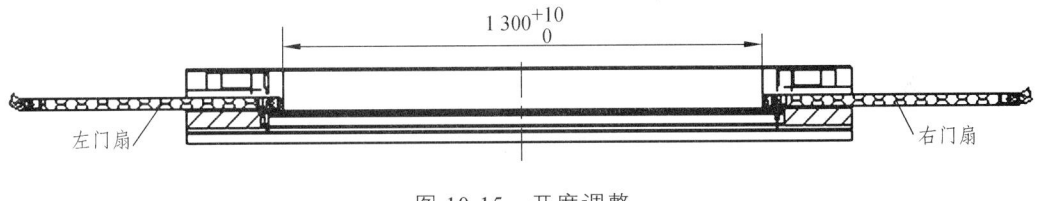

图 10-15 开度调整

6. 门密封压紧的调整

试着手动关门，如果不能顺利锁闭，则按图 10-16 所示调整螺纹套（两螺纹套必须同步调整，否则门的对中会产生变化）；然后关门锁闭，再同步调整两螺纹套，使门向中心移动至护指胶条相接触，使护指胶条宽度为 45～50 mm（建议值为 47 mm），如图 10-17 所示；左右门扇前缘胶条之间的密封要求上下之间的间隙（A、B）之差的绝对值小于 2 mm，即 |A-B|<2 mm。门密封压紧调整好后，要求：①保证通过淋雨试验；②保证门系统达到手动解锁力矩要求；③如果护指胶条下部有明显的漏光现象，调整门扇 V 形，如图 10-18 所示。

调整完毕后，将螺纹套上的六角薄螺母（M20×1.5）按 40 N·m 旋紧，并打防松标记。

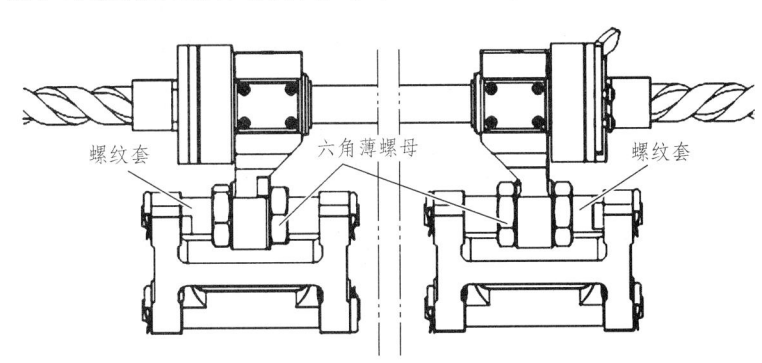

图 10-16 调整螺纹套

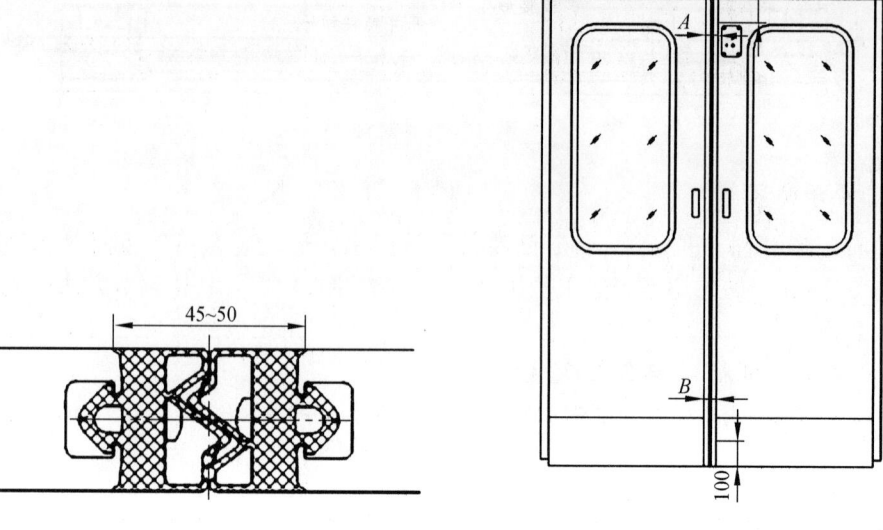

图 10-17　护指胶条　　　　图 10-18　门扇 V 形

7. 调节关到位开关 S4

（1）将门扇置于关闭位置，此时关到位开关 S4 的开关滚轮应被压下，测量左右传动架之间的距离 X（理论值 $X=26$ mm）。

（2）手动开门，将门扇置于打开位置时，关到位开关 S4 的开关滚轮应产生回复动作；再手动慢慢地使门扇位于关闭位置，关到位开关 S4 应在尺寸为 $X+4\sim 6$ mm 时动作。

（3）如果没有，则需调整关到位开关 S4 在安装板上的位置（通过安装板上的腰形孔调节）以及开关触杆的初始安装角，如图 10-19 和图 10-20 所示。

注意：在调节之前，保证门系统已断电。

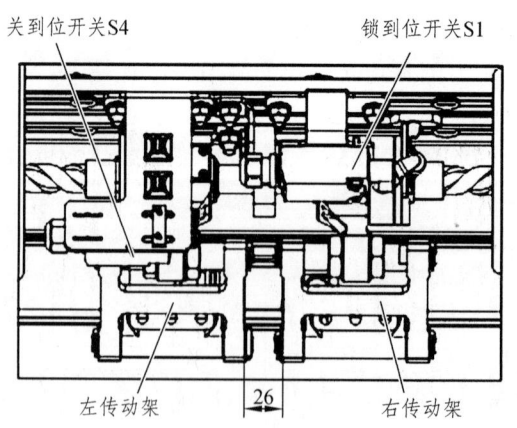

图 10-19　S4 调节 1

图 10-20　S4 调节 2

8. 调节锁到位开关 S1

（1）将门扇处于锁闭状态时，锁到位开关 S1 的开关滚轮应被压下；右铰链螺母组件向锁闭端运动时，要求开关滚轮的内侧面距丝杆中心有 36 mm 的距离。

（2）门扇解锁后，锁到位开关 S1 的开关滚轮应产生回复动作。

（3）如果没有，则需调整锁到位开关 S1 在安装板上的位置（通过安装板上的腰形孔调节）以及开关触杆的初始安装角，如图 10-21 和图 10-22 所示。

注意：在调节之前，保证门系统已断电。

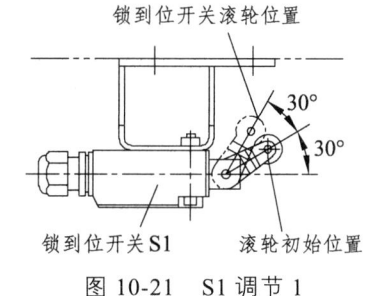

图 10-21　S1 调节 1

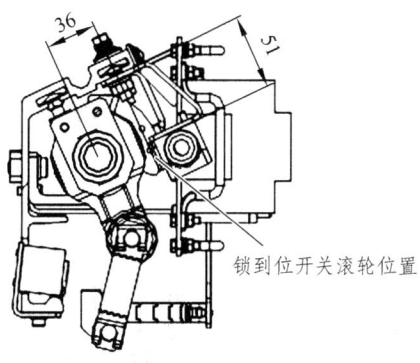

图 10-22　S1 调节 2

9. 障碍检测

关到位开关调节完成后，应按下列程序进行检验：

（1）使用 25 mm×60 mm 的检测物进行障碍检测试验，门系统应产生障碍检测动作，即门重开。

（2）在中间位置、下部位置、上部位置三处进行障碍检测试验。

（3）障碍检测试验顺利通过后，对锁到位开关和关到位的安装紧固螺钉与 S1、S4 开关的开关触杆安装螺钉使用"乐泰 243"胶水进行紧固，并使用红色记号漆进行标记，以便提示未经许可的调节。如果障碍检测试验未通过，应重新调节关到位，直至顺利通过障碍检测试验。

（4）障碍检测试验顺利通过后，对关到位和锁到位开关组件底板的紧固螺钉和S1、S4开关的开关触杆安装螺钉使用"乐泰243"胶水进行紧固，并使用红色记号漆进行标记。

10. 调节端部解锁

在驱动机构出厂时，其上的"端部解锁组件"和解锁开关位置已调整好。如果在以后的使用中需要调整，请按以下要求调整，如图10-23和图10-24所示。

（1）调节解锁开关S3。

"紧急操作"解锁开关位于端部解锁组件的下部。当门调整好后，启动紧急操作时，先触动开关，然后进行解锁（即操作内操作装置，约旋转90°触发开关），开关正好压在解锁凸轮外轮廓上；在复位紧急操作之后，开关的滚轮脱离解锁凸轮外轮廓，与解锁凸轮凹槽接触。

如果紧急解锁开关无法实现以上功能，应按照如下方法进行调节。

注意：在调节之前，保证门系统已断电。

松开解锁开关的固定螺钉，移动开关，调节至图10-23所示位置，调整完毕后，开关滚轮与轮叉拉线盘凹槽处目测有 0.5 mm 间隙。

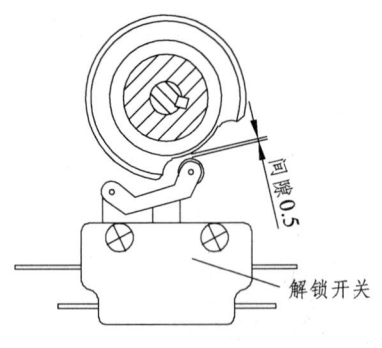

图 10-23　端部解锁

解锁开关调节完成后，对微动开关和到位开关支架的紧固螺钉使用"乐泰243"胶水进行紧固，并用红色记号漆标记。

（2）M8 碰珠调整（见图10-24）。

M8 碰珠的作用是在复位板上产生一定的阻力，使复位板的转动在解锁或复位时与解锁拉线轮产生一定的滞后，以保证丝杆连接轴能自由转动，但是 M8 碰珠产生的力也不能过大，过大会增加解锁的阻力。因此，M8 碰珠的调整需满足：

① 转动解锁拉线轮解锁，解锁拉线轮在旋转一定的角度后，能带动复位板同步转动，此时拨杆未接触复位板。

② 复位解锁拉线轮，拨杆接触复位板后，复位板方能与解锁拉线轮同步转动，否则，复位板不能转动。

③ 碰珠的外壳不得接触复位板。

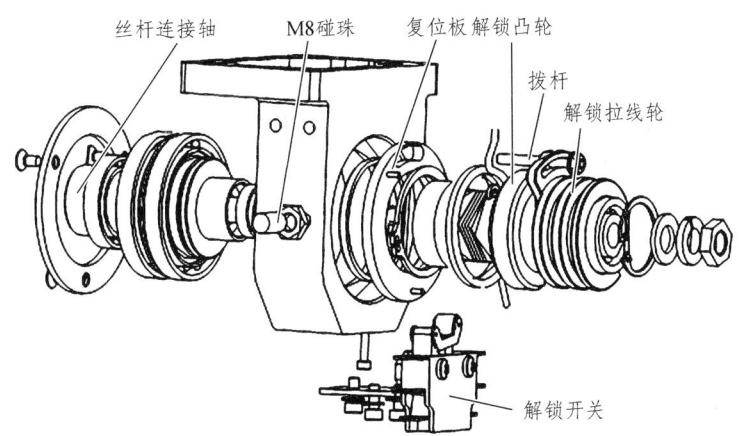

图 10-24　M8 碰珠调整

11. 调节隔离开关

将门置于完全关闭状态。用 7×7 方形钥匙开启退出服务锁，使锁舌完全伸出，检查隔离开关 S2 的开关滚轮是否被锁舌推动压下。如果没有，则需调整隔离开关 S2 的位置和触杆的初始安装角，但不能妨碍门的关闭，如图 10-25 所示。

注意：在调节之前，保证门系统已断电。

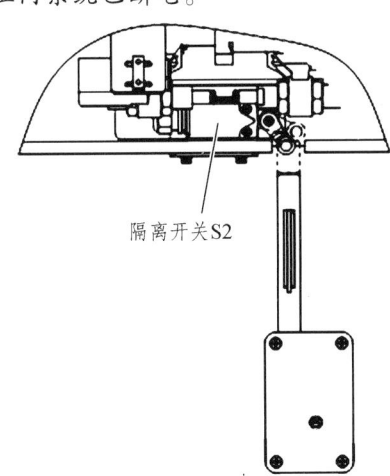

图 10-25　隔离开关调节

"退出服务锁"的隔离开关 S2 调节完成后，对隔离开关的安装紧固螺钉和 S2 开关的开关触杆安装螺钉使用"乐泰 243"胶水进行紧固，并用红色记号漆标记。

12. 挤压力的测量

（1）环境要求。

① 装置的允许温度变化范围为 -10 ~ 30 ℃。

② 车辆必须处于水平位置。

③ 在门扇的上中下部进行测量。

④ 测量值取 3 处测量的平均值。

⑤ 测量误差中要考虑到 ±10 N 的公差。

（2）测量仪器的控制。

测量时，建议把测量仪器的静止部分压在一扇门扇的前沿上，并与门边平行接触，然后跟着该门扇一起运动，直至另一个门扇与测量仪器的活动部分接触。注意不要倾斜测量仪器，并且禁止对手柄施加任何力，这样会影响测量结果（见图10-26）。

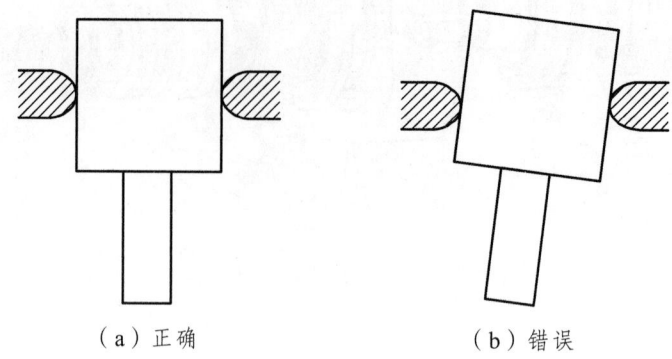

（a）正确　　　　　　　　（b）错误

图 10-26　测量方式

（3）测量并记录最大防挤压力。

五、实训验收

实训验收包括设备认知实训验收、检修作业实训验收和部件更换实训验收。每个实训验收为100分，及格分为90分。实训验收内容如表10-4、表10-5、表10-6所示。

表 10-4　设备认知实训验收表

班级：_____	姓名：_____	学号：_____		日期：_____	
序号	实训项点			分值	扣分	得分
1	手指安装架（5分），口呼安装架（5分）			10		
2	手指承载驱动机构（5分），口呼承载驱动机构（5分）			10		
3	手指上密封毛刷（5分），口呼铰链（5分）			10		
4	手指内部紧急出口装置（5分），口呼内部紧急出口装置（5分）			10		
5	手指外部紧急出口装置（5分），口呼外部紧急出口装置（5分）			10		
6	手指下导轨（5分），口呼下导轨（5分）			10		
7	手指门扇（5分），口呼门扇（5分）			10		
8	手指门控器（5分），口呼门控器（5分）			10		
9	手指电机（5分），口呼电机（5分）			10		
10	手指行程开关（5分），口呼行程开关（5分）			10		
11	用时在5 min之内不扣分，每超过1 min扣2分			0		
	合计			100		

表 10-5　检修作业实训验收表

班级：_____　　姓名：_____　　学号：_____　　日期：_____

序号	检修作业内容		分值	扣分	得分
1	手指门扇（3分）	口呼目视门板表面、客室门罩板、门控器罩板、门板凹陷拉手处清洁无污渍；目视检查左右门板安装平整，油漆完好；门在关闭状态情况下，用双手向外用力推动门扇，门扇无松动，无开缝（3分）	6		
2	手指下导轨门板挡块（3分）	口呼无缺失，安装牢固，无松动（3分）	6		
3	手指门扇与门框间隙（3分）	口呼目视检查门扇与门框间隙均匀，车门胶条无破损，玻璃无破损、无起雾现象；用螺丝刀依次检查门槛和外门框螺钉无松动、无缺失（3分）	6		
4	手指门扇与门吊板组成（3分）	口呼选取门吊板组成前后 T 形螺栓安装孔位置，用钢板尺检查门扇与门吊板组成平行度小于 2 mm（3分）	6		
5	手指两扇门间的缝隙（3分）	口呼将车门拉至一级锁闭位，用卷尺测量距离门板上下 300 mm 位置胶条后部门板型材间宽度（上宽度 a，下宽度 b），算出门 V 形 $c=a-b$ 需满足 $0 \leqslant c \leqslant 3$ mm（3分）	6		
6	手指门吊板组成（3分）	口呼目视检查门板吊挂螺栓防松标识清晰、无错位；用 13mm 叉口扳手校验门板吊挂螺栓紧固到位（3分）	6		
7	手指密封毛刷（3分）	口呼目视检查密封毛刷无松脱现象（3分）	6		
8	手指门安装底板及上导轨（3分）	口呼目视检查上导轨无异常磨损、凹坑变形；用扳手校验紧固螺栓安装状态；用抹布清洁上导轨（3分）	6		
9	手指驱动电机、主动轮、齿带、从动轮（3分）	口呼目视检查紧固螺栓防松标识清晰、无错位；手动检查紧固螺栓安装状态；用手触摸齿带张紧力适中，拉动门扇齿带无打滑现象，齿带运行过程中无异响（3分）	6		
10	手指电磁铁解锁总成（3分）	口呼目视检查电磁铁线圈无泛黄等异常变色，用手轻轻拨动各接线确认无松动，用手拨动锁钩，电磁铁动作无卡滞，手动转动锁闭撞轴轴套确认无卡滞（4分）	7		
11	手指各行程开关（3分）	口呼用手电照射行程开关，目视检查开关外观无裂纹；手动检查确认行程开关安装牢固；打开车门，用手触发锁闭到位开关和门板开关，开关动作灵活，声音清脆，释放缓慢，确认无卡滞；用手轻轻拨动各引脚接线确认无松动（4分）	7		

续表

班级：_____	姓名：_____	学号：_____	日期：_____		
序号	检修作业内容		分值	扣分	得分
12	手指门扇下导轨和滑道（3分）	口呼目视检查下导轨安装螺栓防松标识清晰、无错位。用长毛刷或抹布清洁滑道两侧积尘（4分）	7		
13	手指门控器、电机、编码器（3分）	口呼用手轻轻拨动各接线、插头、行程开关和空气开关接线确认无松动，且在开关门时线无接磨与受力；线缆无破损接磨现象。检查门控器插头接线良好，插头完全插入插座内，用手将门控器上各插头轻轻往里推，确保无松动脱落，连接器端部接线余量大于10 mm（4分）	7		
14	口呼车门上电，进行防夹检查（3分），用专用工具分别测试门板上中下处，前两次门应再开启，第三次门处于防夹宽度（3分）		6		
15	门锁闭状态下，用四角钥匙隔离车门（3分），确认隔离状态，后恢复车门为正常状态（3分）		6		
16	门锁闭状态下，操作车门解锁（3分），并恢复车门状态（3分）		6		
17	用时在40 min之内不扣分，每超过1 min钟扣2分		0		
	合计		100		

表10-6 部件调整实训验收

班级：_____	姓名：_____	学号：_____	日期：_____	
序号	实训项点	分值	扣分	得分
1	口呼门扇高度调整方法（25分）	25		
2	口呼门扇V形调整方法（25分）	25		
3	口呼门扇对中调整方法（25分）	25		
4	口呼门开度调整方法（25分）	25		
5	用时在15 min之内不扣分，每超过1 min扣2分	0		
	合计	100		

六、思考题

1. 客室车门有哪些分类？
2. 不同的车门生产厂家所生产的车门调整方式有何区别？

实训十一　风源及供风系统检修

扫一扫获取
本实训彩图

一、实训目的

（1）认识风源系统的组成。
（2）掌握风源系统的工作原理；
（3）了解风源系统的检修工作内容。
（4）掌握风源系统的检修工作方法。
（5）了解风源系统滤芯的更换周期。
（6）掌握安装、更换风源系统滤芯的方法。

二、实训原理

总风缸压力低于 800 kPa 后，Z010B 压力开关动作，同期回路加压，空气压缩机开始运行。油水分离器在打风完成后自动排出积存在内部的水、油。所以，从空气压缩机出来的压缩空气进入 PD10-DF 除湿装置，水、水蒸气、油等的杂质被除去后经过单向阀，送入总风缸。

总风缸压力上升，达到 900 kPa 后 Z010B 压力开关动作，同步回路为无加压，空气压缩机停止运行。另外，同时安装在 PD10-DF 除湿装置上的 SJ-3P 电磁阀消磁，油水分离器的排水阀部的压力释放，排水阀打开。因此，从空气压缩机 PD10-DF 除湿装置逆止阀为止的压缩空气和油水分离器下部留存的油水一并被排出。风源系统电气控制原理如图 11-1 所示。

三、实训准备

（一）健康情况及知识要求

（1）实训人员的身体状况、精神状态良好；
（2）实训人员必须具备必要的车辆构造相关知识。

（二）安全要求

（1）实训人员按照实训室要求穿戴安全帽、工作服、护趾鞋等劳保用品。
（2）实训前必须开启实训室照明设备，保障实训时有足够亮度。
（3）实训时不允许穿凉鞋拖鞋、裙子、短裤，长发按要求束发。

（4）实训人员必须在安全区，未经现场实训老师同意不得进入设备区触摸或操作任何设备。

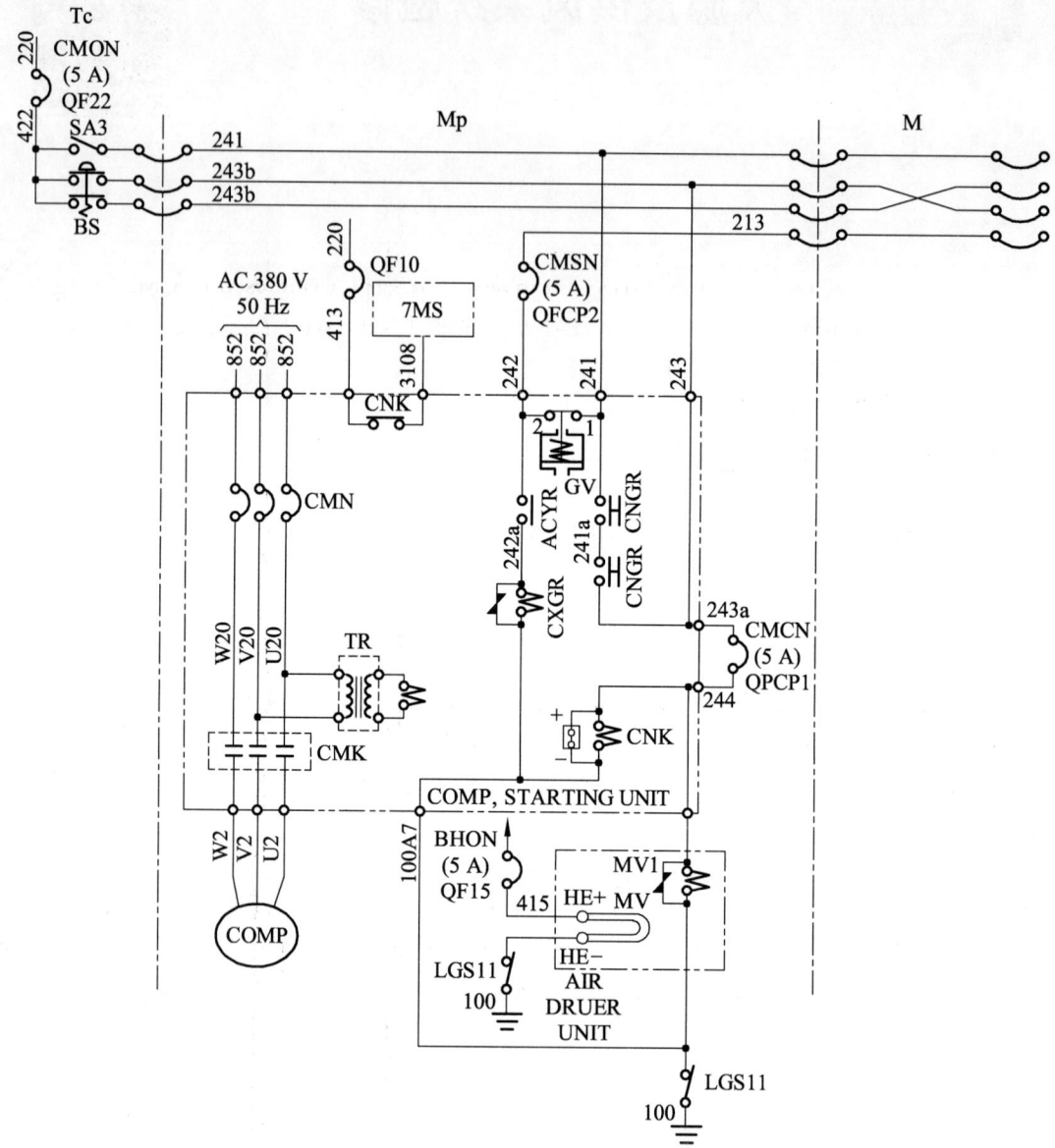

图 11-1　风源系统电气控制原理

（三）实训设备

风源系统。

（四）工器具

（1）24 mm/23 mm 开口扳手、扭力扳手、高压气枪、抹布、毛刷、斜口钳、活动扳手、棘轮扳手 M12、吸尘器。

（2）Dynamax No.2 润滑脂。

（五）实训时长及人数

（1）实训时长：6课时（分3次，每次2课时）。
（2）每次实训容纳人数：10人左右。

三、实训步骤

（一）认识风源系统

风源系统包括以下部件：A6538-HS10-3电动空气压缩机（Nabtesco）；CMF-10型空压机启动装置（Nabtesco）；储风缸330 L；E-1-L安全阀（Nabtesco）及不锈钢气路管。

1. 电动空气压缩机装置

本实训采用A6538-HS10-3型电动空气压缩机装置（见图11-2）。该电动空气压缩机装置为往复式两段压缩方式，通过交流电机进行驱动。它主要由空气压缩机（HS10）、吸入式滤尘器、润滑装置、安全阀、全密封式启动电机（A6538）、联轴节、防振橡胶、各种密封圈等组成。电动空气压缩机的技术性能指标见表11-1。

表11-1 电动空气压缩机技术性能指标

部位		规格参数	
空气压缩机部分	型号	HS10	
	方式	往复、复合、单动	
	气缸布置	4个气缸水平布置	
	气缸直径×行程×气缸数量	低压	100×54×2
		高压	55×54×2
	排出压力	最大900 kPa	
	速度	1 450 r/min	
	排气量	1 230 L/min	
	容积效率	75%以上（新型）	
	冷却系统	空气冷却	
	给油系统	由于齿轮泵强迫润滑	
电动机部分	方式	3相、鼠笼式	
	电极数	4	
	换气	全密封电动机	
电动机部分	额定	额定时间	30 min
		输出	6.5 kW
		电压	AC 380 V/50 Hz
		速度	1 450 r/min
	绝缘	F级	
驱动部位		挠性接头连接的直接驱动	
中间冷却器安全阀		（390±10）kPa	

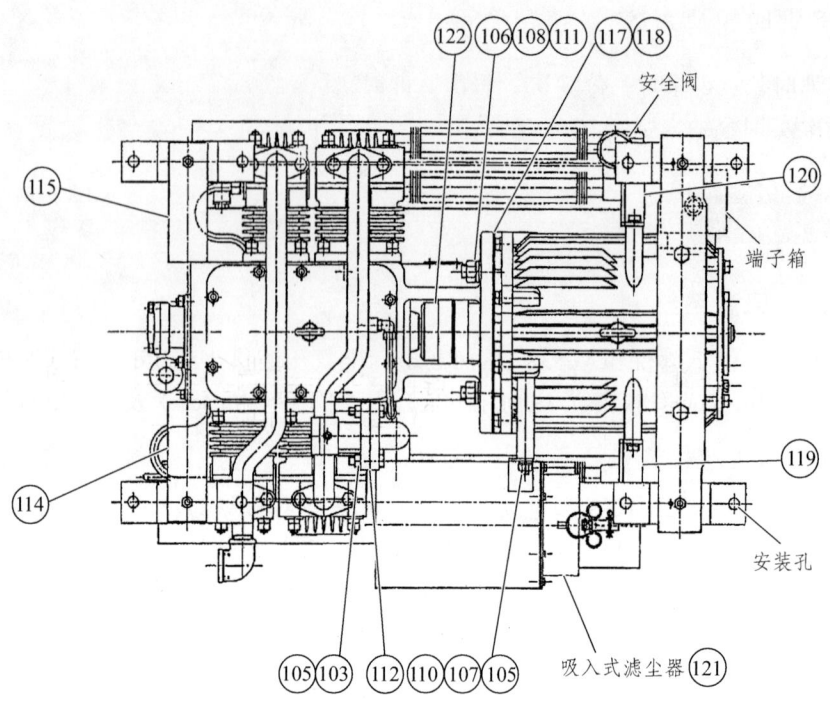
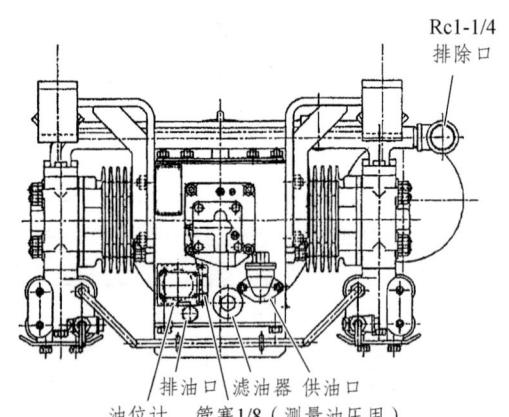
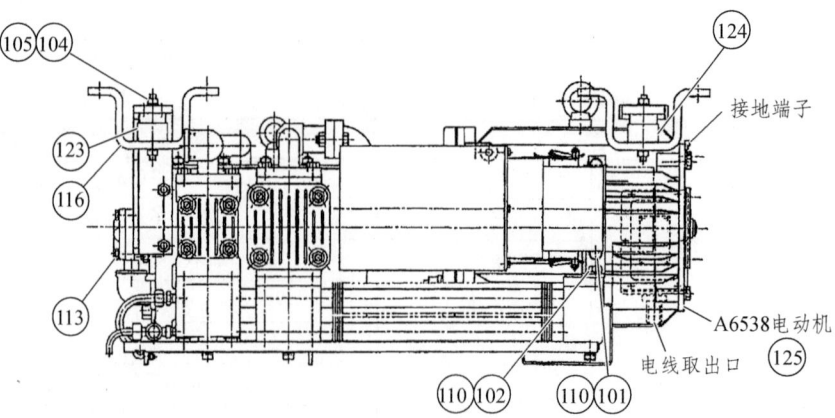

图 11-2　电动空气压缩机

压缩机和电动机通过法兰结合成一体，通过置于内部的橡胶弹性联轴节（见图 11-3）进行动力传递。压缩机和电动机采用了凹槽的安装方式，从而不需要抽出机芯。压缩机气缸以水平对置方式排列，减小了噪声。

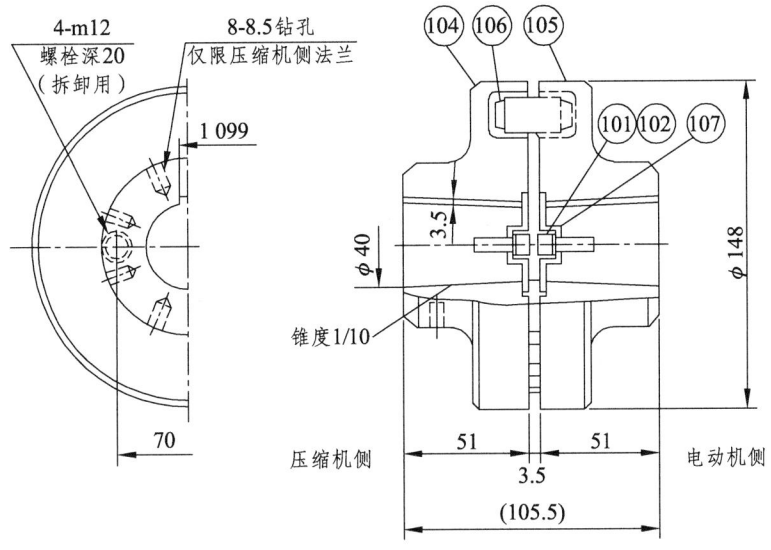

图 11-3　联轴节结构图

吸入式滤尘器（见图 11-4）通过 M12 螺栓固定在电动机上，分为消音器部和滤尘器部。滤尘器部内置有滤尘片，可以通过拆下滤尘器体和滤尘器盖之间的挂钩方便地取出。

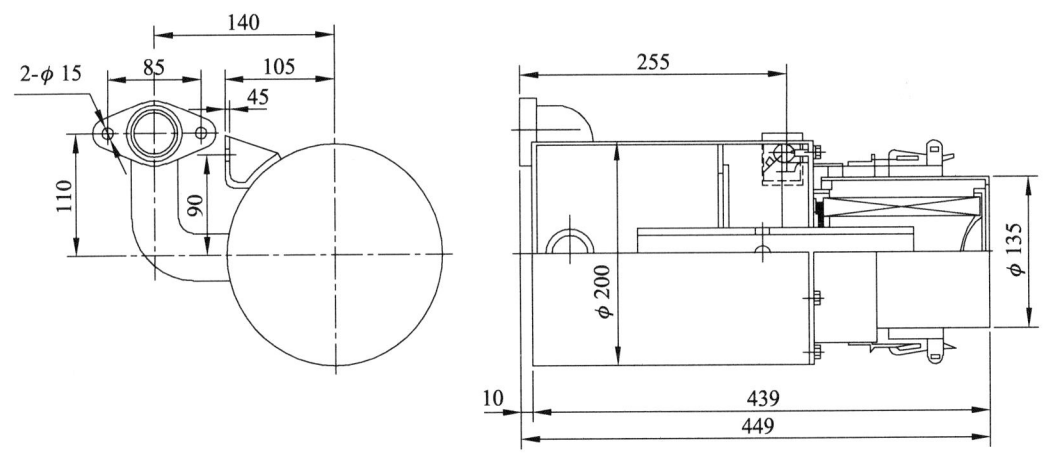

图 11-4　吸入式吸尘器

采用低噪声的齿轮泵润滑装置。

2. PD-10DF 除湿装置

除湿装置采用日本纳博特斯克（Nabtesco）的 PD-10DF 型，它由 A-20 后冷却器、油水分离器、干燥器、电磁阀、止回阀等组成。

除湿装置安装在空气压缩机的后段，除去输出的压缩空气中的水蒸气、水和油的雾或粒子，干燥压缩空气。为防止特氟隆软管破裂或空压机故障造成总风缸管的压缩空气损失，该除湿装置安装有单向阀（止回阀）。PD-10DF 性能指标如表 11-2 所示。

表 11-2　PD-10DF 性能指标

实训			内容
A-20 后冷却器	方式		带 23 个交错排列的散热片
	表面积		7.4 m^2
	内容积		7.5 L
油-水分离器	油分离性能		0.001 25 mg/m^3（入口处空气温度 38 ℃）
	排水阀	方式	动作电磁阀装置
		型号	双口自动排水阀
	电磁阀	型号	SJ-3P
		方式	ON 型
		工作电压	DC 110 V
		功耗	8 W
		工作制	连续
干燥装置	除湿方式		中空纤维膜
	对应空气量		1 300 L/min
	最高使用压力		960 kPa
	入口处空气温度		最高 60 ℃
止回阀	容量（通径）		1 英寸
空气除湿性能			最高 30%RH
质量			75 kg

PD-10DF 各零部件结构如图 11-5 至图 11-10 所示。

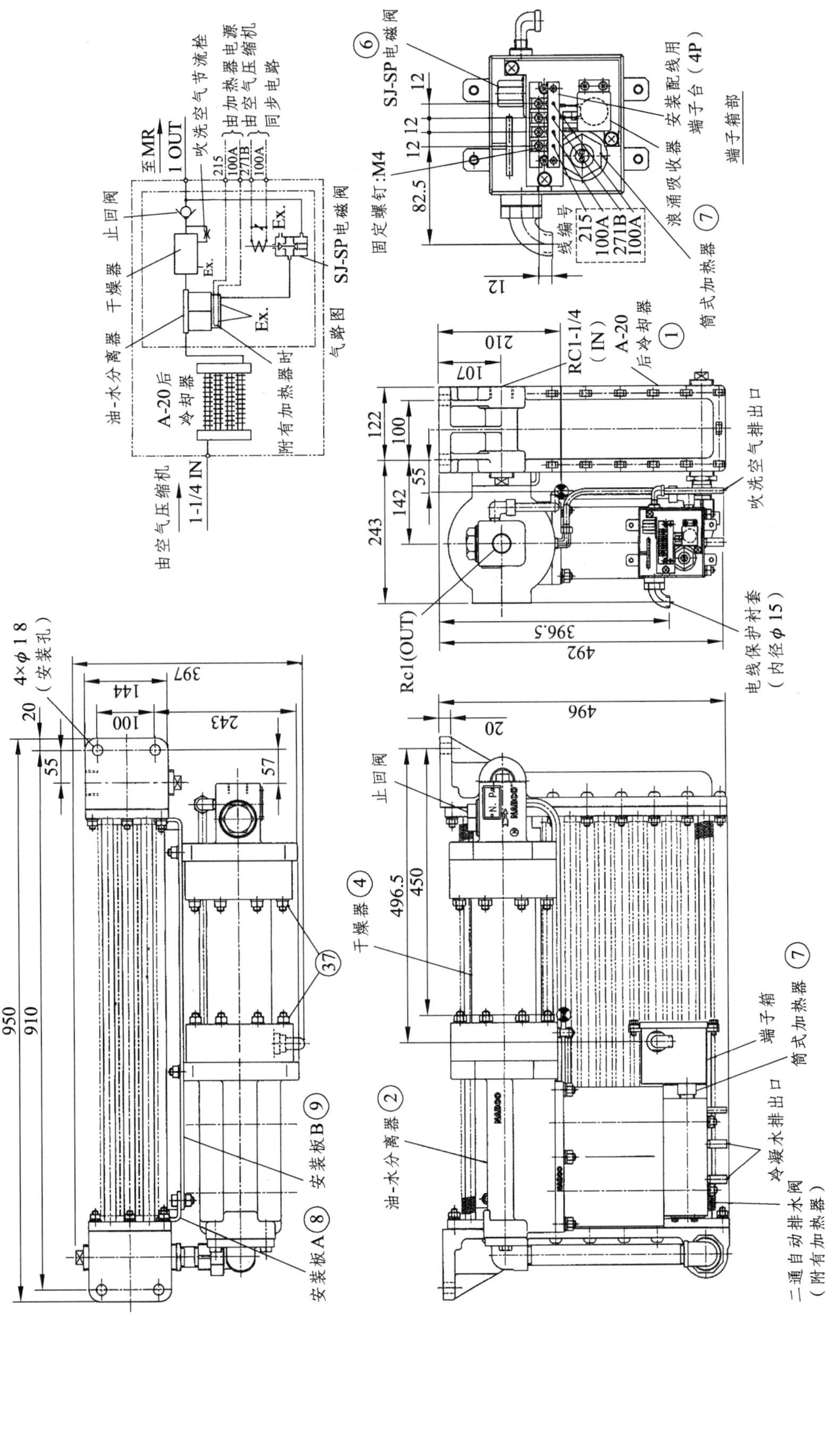
由空气压缩机
1-1/4 IN
A-20后冷却器
油-水分离器
干燥器
止回阀
吹洗空气节流栓
至MR
1 OUT
由加热器电源
由空气压缩机
同步电路
附有加热器时
SJ-SP电磁阀
气路图
Ex.
215
100A
271B
100A
⑥ SJ-SP电磁阀
固定螺钉:M4
线编号
浪涌吸收器
⑦ 筒式加热器
安装配线用端子台（4P）
端子箱部
RC1-1/4（IN）
A-20后冷却器 ①
吹洗空气排出口
电线保护衬套（内径φ15）
Rc1(OUT)
4×φ18（安装孔）
安装板A ⑧
安装板B ⑨
37
止回阀
干燥器 ④
油-水分离器 ②
端子箱
筒式加热器 ⑦
冷凝水排出口
二通自动排水阀（附有加热器）③
950
910
397
144
100
243
20
55
57
496
496.5
450
492
396.5
210
107
122
142
82.5
12

图 11-5 除湿装置外形

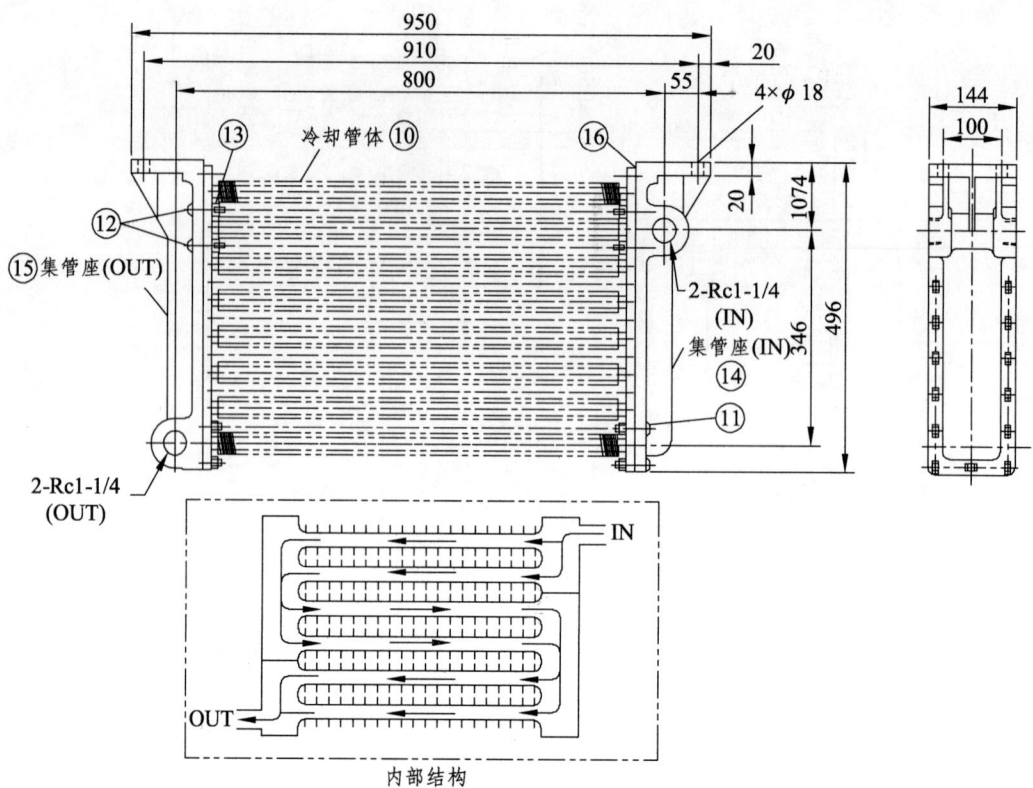

图 11-6 后冷却器结构

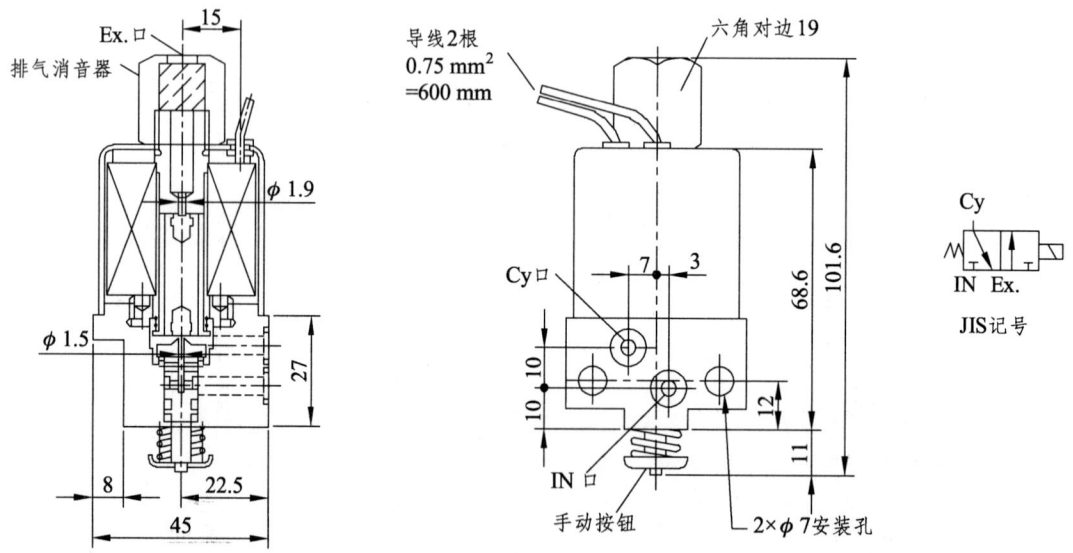

图 11-7 SJ-3P 电磁阀结构

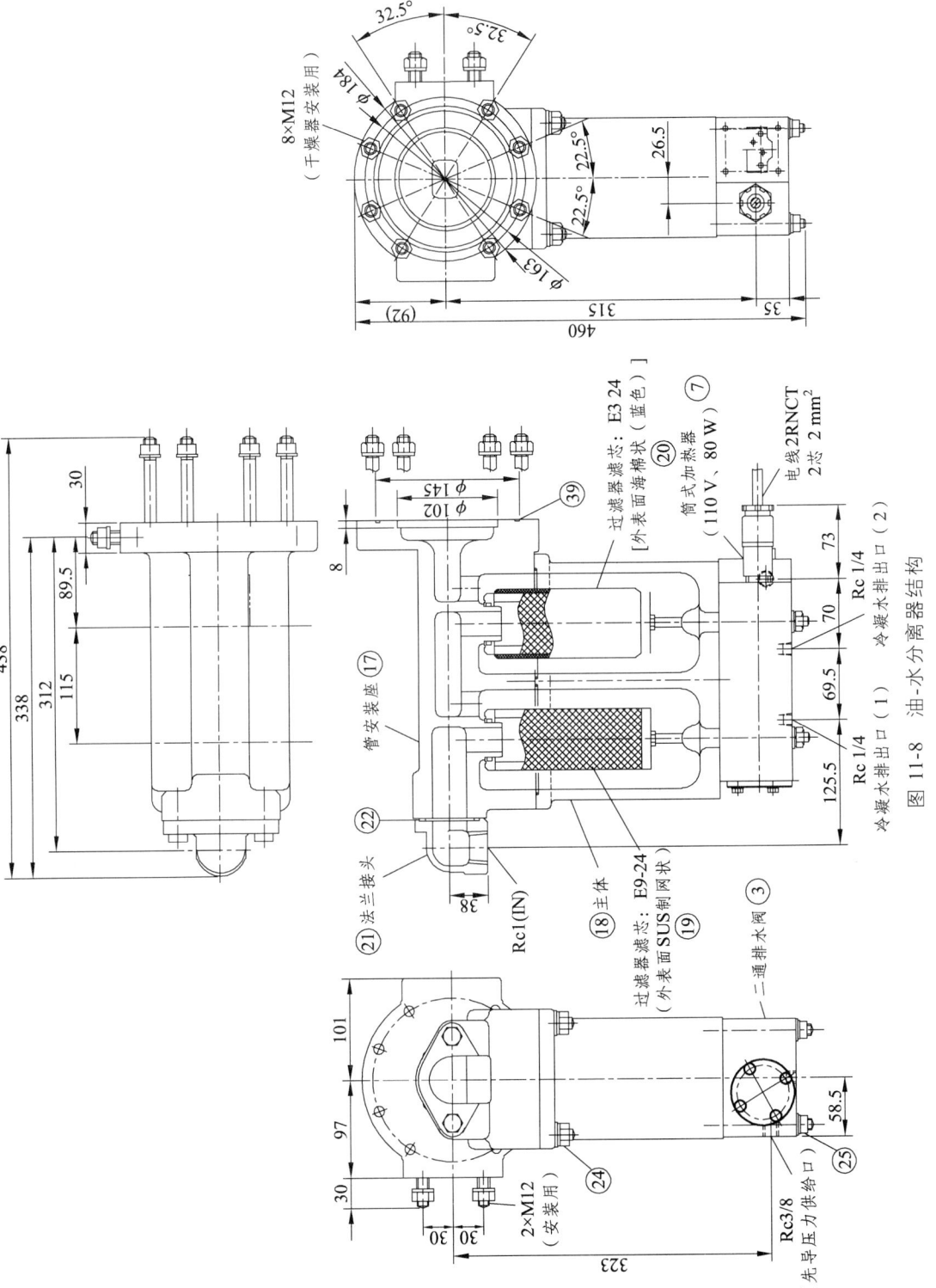

图 11-8 油-水分离器结构

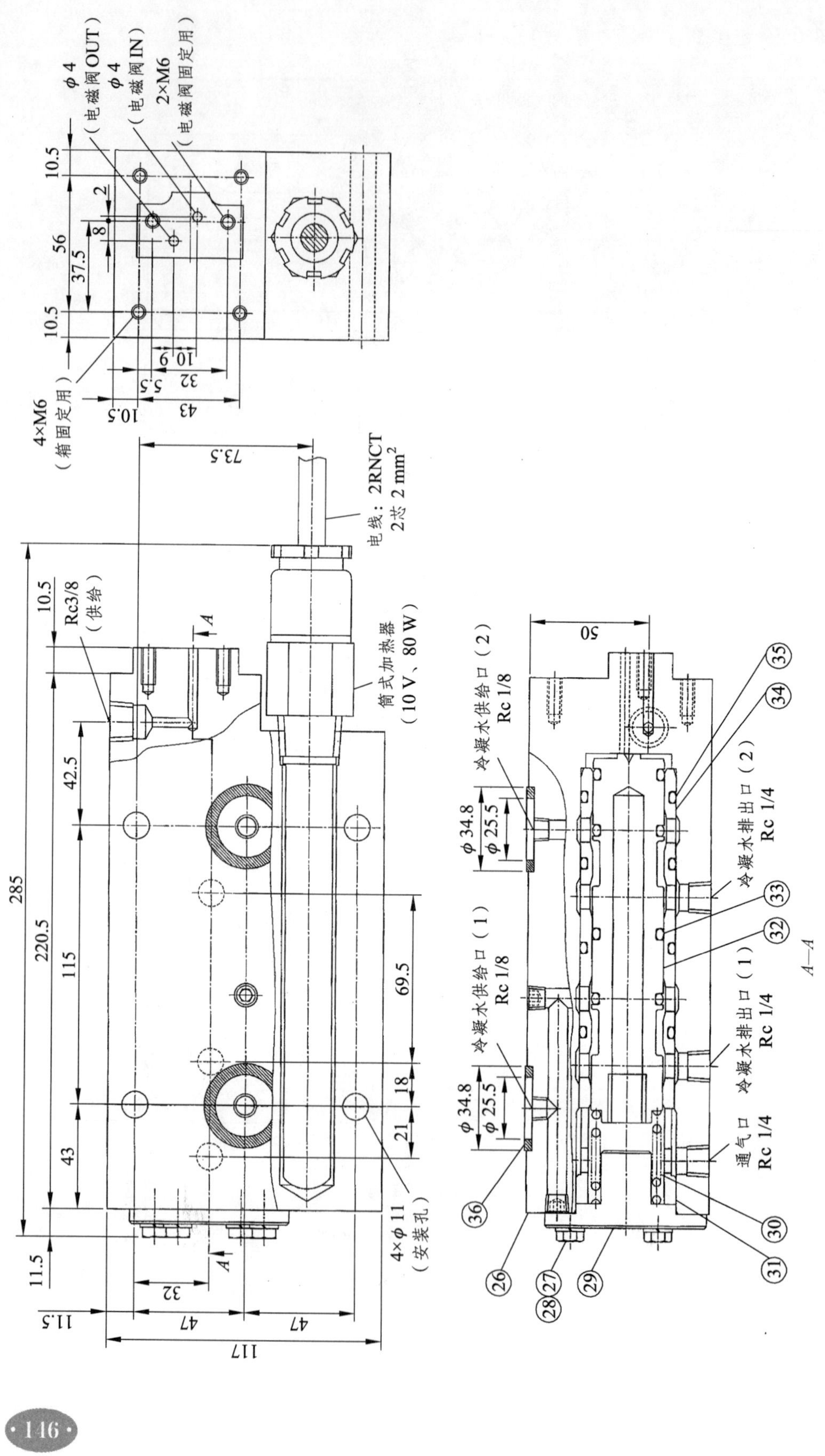

图 11-9 二通排水阀结构

实训十一 风源及供风系统检修

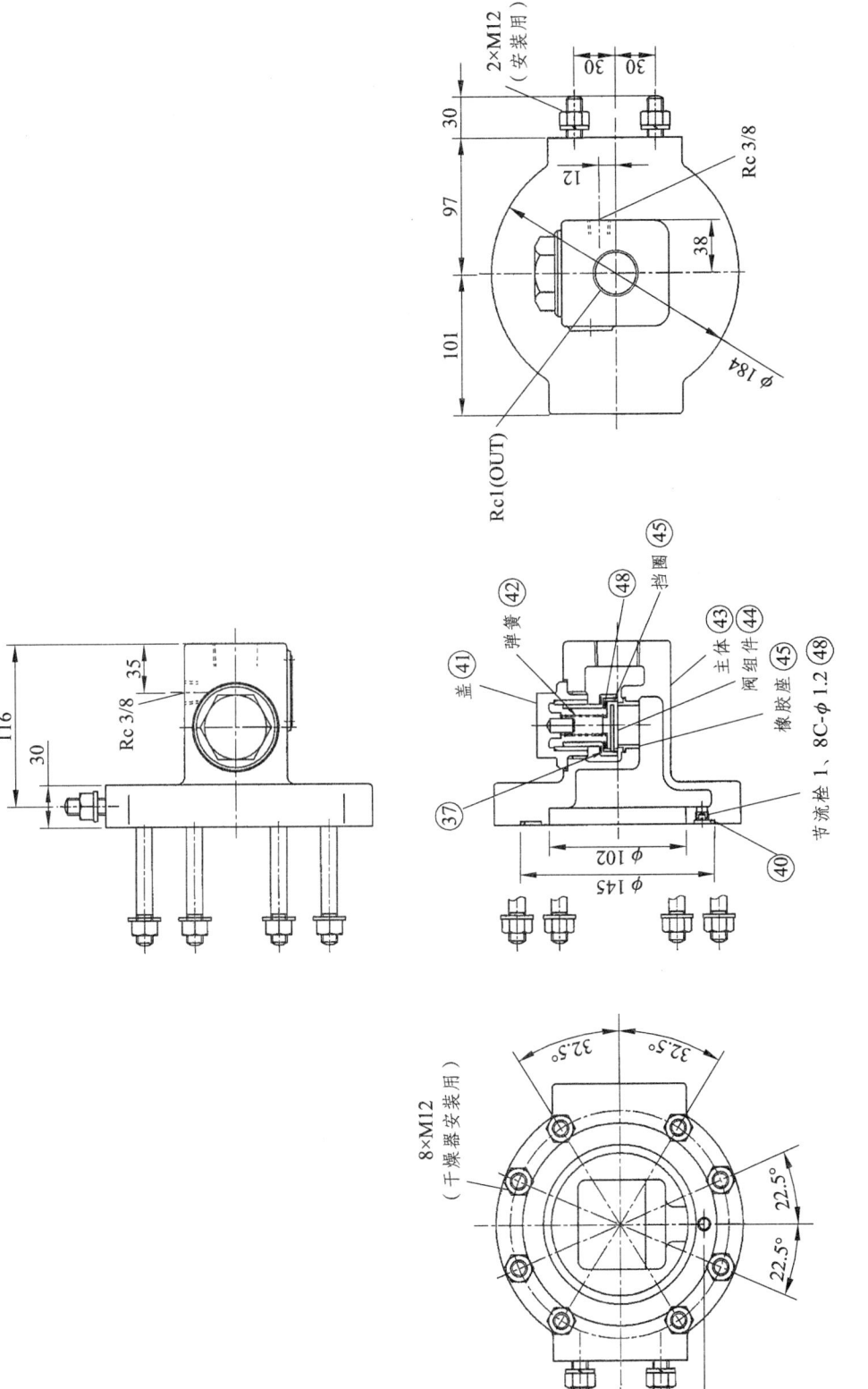

图 11-10 止回阀结构

（二）风源系统的检修内容与方法（见表11-3）

1. 空气压缩机及PD-10DF干燥装置

（1）从车侧目视检查空压机及空气干燥器外观无损坏、无变形等，滤尘器安装锁闭到位。

（2）从车底目视检查油封处无油污、无滴漏现象。

（3）安全钢索安装状态牢固，无断股。

（4）吊挂螺栓紧固良好，防松线清晰、无错位。

（5）润滑油无变色、乳化，油位在上下刻度线之间，无漏油现象。

（6）中间冷却器塞门排水正常，无异物阻塞。

（7）吊挂梁无裂纹，防振橡胶无损坏。

（8）拆下滤尘器，用高压气枪对滤尘器滤芯从内往外进行吹扫除尘，然后用擦拭纸清洁金属网上表面灰尘。

（9）用布擦洗空压机及干燥装置表面及防松线，使用毛刷清扫接线、接管处、冷却器散热翅片的积尘。

2. 空压机启动装置

（1）目视检查箱体外观无变形、无异常，锁闭插销安装到位。

（2）用干抹布擦拭箱体内部，必要时使用刷子配合吸尘器作业。

（3）箱盖密封良好，空气管路无泄漏，各部件安装牢固，连接状态良好，箱内元件无变色、损伤，接点无烧损。

3. 管路元件检查

（1）各截止阀、高度阀、差压阀、防滑阀、停放电磁阀、调压阀、M5070过滤器、安全阀、溢流阀、连接软管、管路等（见图11-11）无损坏、无泄漏，安装牢固。

（a）M5070过滤器

（b）防滑阀

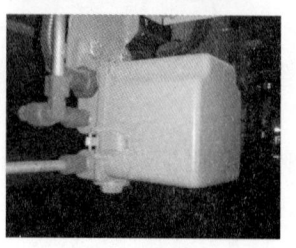

（c）停放电磁阀

（d）压差阀

　　　　（e）安全阀　　　　　　　　　（f）高度阀

　　（g）调压阀　　　　　（h）平均阀　　　　　（i）溢流阀

 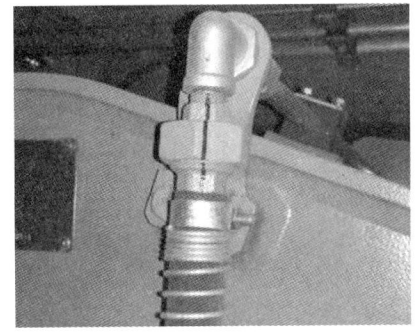

（j）连接软管

图 11-11　各类阀件及软管

（2）用毛刷清洁空气管路接头处的积尘，用抹布将管路接头处防松线擦洗干净。

（3）打开主风缸排污阀进行排污，完成后恢复排污阀。

表 11-3 风源系统的检修内容与方法

实训	作业内容及要求	检测方法及工艺
空气压缩机及PD-10DF干燥装置	空压机及空气干燥装置外观无损坏，无渗漏；油封密封良好，无漏油；安全钢索安装牢固，吊挂紧固件无松动	1. 从车侧目视检查空压机及空气干燥器外观无损坏变形等异常，滤尘器安装锁闭到位； 2. 从车底目视检查油封处无油污滴漏现象； 3. 安全钢索安装状态牢固，无断股； 4. 吊挂螺栓紧固良好，防松线清晰、无错位
	润滑油无变色乳化，油位正常在上下刻度线之间。 润滑油更换：润滑油无乳化，无漏油现象，观察油位指示正常	1. 目视检查； 2. 更换润滑油，分别使用 24 mm、23 mm 开口扳手将注油孔、排油孔螺栓拧开，排空旧油； 3. 拧紧排油口螺栓并用扭力扳手打 45 N·m 扭力，然后一人注油、一人观察油位。注油至从上往下第二刻度线，拧紧加油口螺栓，并用扭力扳手打 45 N·m 扭力，将表面油污用擦拭纸清理干净。 注意事项： 1. 注意废油排尽后用约 300 mL 新油冲洗，排除杂质； 2. 油位加至约 3/4 刻度线为宜，不要超出油位上刻线； 3. 加油时注意避免杂质落入腔体或混入油脂内
	检查温度应变片无变色	目视检查温度应变片 100 ℃ 及以上不变色

续表

实训	作业内容及要求	检测方法及工艺
空气压缩机及PD-10DF干燥装置	中间冷却器塞门排水，无异物阻塞	排水塞门垂直位打开，平行位关闭。 打开中间冷却器2个排水塞门放水，无异物阻塞，排放后关闭塞门
	安全钢索无断股，吊挂梁无裂纹，防振橡胶无损坏	目视检查安全钢索无断股、吊挂梁及安装座无裂纹、防振橡胶无损坏
	清洁吸入式滤尘器	拆下滤尘器，用高压气枪对滤尘器滤芯从内往外进行吹扫除尘，然后用擦拭纸清洁金属网表面灰尘。 拆装时注意滤尘器的安装方式，确保安装到位，避免暴力作业
	清洁空压机及干燥装置，干净无锈迹	用布擦洗表面及防松线，使用毛刷清扫接线、接管、冷却器散热翅片处的积尘

续表

实训	作业内容及要求	检测方法及工艺
空气压缩机及PD-10DF干燥装置	更换油水分离器滤芯	1. 切除对应单元主风缸前端 F8 与 F9 截断塞门，打开主风缸排污阀，将主风缸内压缩空气排尽； 2. 使用斜口钳剪断通气管处扎带，并用活动扳手拧松铜管接头； 3. 使用棘轮扳手拧松干燥装置 6 颗 M12 固定螺母（平垫、弹垫及螺母妥善保管，需再次使用），拆卸后更换油水分离器滤芯（注意在重新安装滤芯时，O 形密封圈需涂抹润滑脂）； 4. 按照拆卸的逆顺序，进行恢复，靠车体内侧为水滤，靠车体外侧为油滤（主体是金属网状结构）。（注意：干燥装置安装时需在 O 形密封圈处涂抹 Dynamax No.2 润滑脂，6 颗 M12 的固定螺母扭矩为 43.1 N·m）。安装滤芯时要确保滤芯安装到位，无歪斜安置； 5. 滤芯更换完成之后，注意先恢复总风缸排污阀再恢复相关 F8、F9 截断塞门； 6. 确认恢复完成之后，升弓投电空压机打风，车下耳听确认干燥装置处无漏风
空压机启动装置	箱体外观及安装检查无异常	目视检查箱体外观无变形，锁闭插销安装到位
	清洁	用干抹布擦拭箱体内部，必要时使用刷子配合吸尘器
	箱盖密封良好，空气管路无泄漏，各部件安装牢固，连接状态良好，箱内元件无变色、损伤，接点无烧损	目视检查，管路泄漏需要采用耳听方式检查

续表

实训	作业内容及要求	检测方法及工艺
管路元件检查	各截止阀、高度阀、差压阀、防滑阀、停放电磁阀、调压阀、M5070过滤器、安全阀、溢流阀、连接软管、管路无损坏、无泄漏，安装牢固	耳听、目视检查连接软管无损坏、无泄漏，阀件安装牢固； M5070过滤器　防滑阀　停放电磁阀 压差阀　安全阀　高度阀 调压阀　平均阀　溢流阀 连接软管 连接软管接头防松线无错位，喉箍安装牢固、无破损
	外观清洁，无锈迹，防松线清晰可见	用毛刷将空气管路接头处的积尘刷掉，用抹布将管路接头处防松线擦洗干净
	带电触点J6塞门电缆无接磨、无破损	目视检查

续表

实训	作业内容及要求	检测方法及工艺
管路元件检查	主风缸排水	1. 10101-10147 列：切除对应单元主风缸前端 F8 与 F9 截断塞门，打开主风缸排污阀进行排污，完成后先恢复排污阀再恢复截断塞门。 2. 10148-10173 列： （1）TC 车：首先切除 Tc 车两端 D1 截止阀，再切除 Tc 车 C5 截止阀、B6 截止阀与 K1 截止阀，最后打开总风缸排污阀排污。完成后先恢复排污阀再恢复截断塞门 K1、B6、C5，最后恢复 2 个 D1； （2）Mp 车：切除对应单元主风缸前端 F8 与 F9 截断塞门，打开主风缸排污阀进行排污，完成后先恢复排污阀再恢复截断塞门； （3）M 车：首先切除 M 车两端 D1 截止阀，再切除 M 车 C5 截止阀与 K1 截止阀，最后打开总风缸排污阀排污。完成后先恢复排污阀再恢复截断塞门 K1 与 C5，最后恢复 2 个 D1。 3. 主风缸排水作业时注意开阀顺序

（三）风源系统的常见故障及处理（见表 11-4）

序号	故障描述	原因	排除方法
1	电机转向错误	电机接线错误	正确连接电机接线，检查电机转动方向
2	空压机无法起动	断电	检查供电
		线缆连接松动	检查线缆连接，并在必要处上紧螺栓连接端子
		电机损坏	进行故障查找，并排除故障
		温度开关（T1）未与电源连接或电缆已断	检查电缆连接
		温度开关(T1)关断	见"故障"："温度开关关断"
3	空压机起动困难	起动时，电机上的电压过低	检查车辆的供电
		空压机带载起动	检查泄压阀
		空压机损坏	

续表

序号	故障描述	原因	排除方法
4	空压机在达到工作压力前停机	电机保护开关关断	检查电机保护继电器的设置，必要时予以修正
		压力控制器设定值错误	检查压力控制器的设定值，必要时予以修正
		接线是否松脱	检查电机的供电线是否有相线断开
		油温过高	见"故障"："温度开关关断"
5	安全阀漏气	连接口损坏	更换安全阀
		安全阀设置错误损坏	更换安全阀
		气路管路堵塞	检查风源系统气路
		油细分离器压差过大	更换油细分离器
6	空压机工作周期明显延长	空气滤清器(F)的滤芯严重污染	更换滤芯
		压缩空气系统不密封	检测气密性
		压缩机损坏	
7	温度开关(T1)关断	冷却空气不足；冷却空气热短路，环境温度过高	检查、清洁冷却器
		冷却器（1.8）严重脏污	清洁冷却器
		润滑油量不足	检查油位，补加油
		油过滤器严重脏污或堵塞	更换油过滤器，换油
		控油单元的温控阀损坏	更换温控阀
8	压缩空气中含有油，并且耗油量异常高	油细分离器损坏	更换气体除油元件
		压缩机外壳内油位太高	油位最大降至注油油位上标处
		回油管堵塞	检查回油管路止回阀进出口温度是否一致
		油温过高	见"故障"："温度开关关断"
9	异常的高油耗	机组漏油，管道不密封	检查螺栓连接组件并拧紧，检查气密性，必要时更换管路
		油细分离器损坏	更换气体除油元件
		压缩机外壳内油位太高	油位最大降至注油油位上标处
		油温过高	见"故障"："温度开关关断"
		压缩机组每小时启动超过30次	注意接通频率（以"技术数据"表为依据）
		压缩机损坏	

续表

序号	故障描述	原因	排除方法
10	从空气滤清器(F)中有油溢出	进气阀故障,密封不严	更换进气阀
		压缩机损坏	
11	干燥器交替工作功能失效	设备的气动控制失灵	检查设备的气动控制
		设备的电气控制失灵	检查设备的电气控制
12	风源系统气路管路泄漏	管路接口不密封	拧紧压缩空气接口并测试气密性
13	排水接管A上形成一种白色薄层	干燥剂已不能再用	更换干燥剂
14	压缩机供风时消声器的排水接管A上没有再生空气流出	设备损坏	拆下设备,送往我方维修服务中心修理
15	在微油过滤器处有机油损失	接口不密封	拧紧接口并测试气密性
		密封圈或卡套损坏	拆下微油过滤器,更换密封圈或卡套并装上微油过滤器
		手动泄放阀处的翼形螺栓松动或者塞门不密封	拧紧翼形螺栓并检查气密性
		外壳下半部分松动	拧紧外壳下半部分
		O形环被夹住、损坏	拆下微油过滤器,检查O形环,需要时进行更换,然后重新装上微油过滤器
16	排油量与平均值(根据使用条件不同的经验值)相比大幅升高	压缩机中可能有磨损现象(例如压缩空气除油过滤元件)	检测压缩机功能,必要时送往我方维修服务中心修理
17	与正常运行时相比,微油过滤器中水量或乳浊液的量明显增加	双塔干燥器功能故障(电气连接、尺寸)	在双塔干燥器上进行露点测量,必要时请我方主管销售人员进行系统分析
18	排油量与平均值(根据使用条件得出的经验值)相比明显减少	滤芯损坏、没有正确安装或者不密封	排空微油过滤器并排气,拧下外壳下半部分。检查过滤器位置是否正确(端帽的密封性),必要时进行校正。目检过滤元件是否损坏。必要时更换过滤器单元或重新校准螺纹杆

五、实训验收

实训验收包括设备认知实训验收、检修作业实训验收和部件更换实训验收。每个实训验收为100分,及格分为90分。实训验收内容如表11-5、表11-6、表11-7所示。

表 11-5 设备认知实训验收表

班级：	姓名：	学号：	日期：		
序号	实训项点	分值	扣分	得分
1	手指电动空气压缩机（5分），口呼电动空气压缩机（5分）	10		
2	手指空压机启动装置（5分），口呼空压机启动装置（5分）	10		
3	手指储风缸（5分），口呼储风缸（5分）	10		
4	手指安全阀（5分），口呼安全阀（5分）	10		
5	手指滤尘器（5分），口呼滤尘器（5分）	10		
6	手指冷却器（5分），口呼冷却器（5分）	10		
7	手指油水分离器（5分），口呼油水分离器（5分）	10		
8	手指干燥器（5分），口呼干燥器（5分）	10		
9	手指电磁阀（5分），口呼电磁阀（5分）	10		
10	手指止回阀（5分），口呼止回阀（5分）	10		
11	用时在 5 min 之内不扣分，每超过 1 min 扣 2 分	0		
	合计	100		

表 11-6 检修作业实训验收表

班级：		姓名：	学号：	日期：		
序号		检修作业内容		分值	扣分	得分
1	手指空压机及空气干燥装置（5分）	口呼从车侧目视检查空压机及空气干燥器外观无损坏变形等异常，滤尘器安装锁闭到位。从车底目视检查油封处无油污滴漏现象。安全钢索安装状态牢固，无断股。吊挂螺栓紧固良好，防松线清晰、无错位（15分）		20		
2	手指空压机润滑油观察孔（5分）	口呼润滑油无变色乳化，油位在上下刻度线之间（15分）		20		
3	手指中间冷却器（5分）	口呼塞门排水，无异物堵塞（15分）		20		
4	手指安全钢索（5分）	口呼目视检查安全钢索无断股、吊挂梁及安装座无裂纹、防振橡胶无损坏（15分）		20		
5	手指吸入式滤尘器（5分）	口呼拆下滤尘器，用高压气枪对滤尘器滤芯从内往外进行吹扫除尘，然后用擦拭纸清洁金属网上表面灰尘（15分）		20		
6	用时在 10 min 之内不扣分，每超过 1 min 扣 2 分			0		
		合计		100		

表 11-7　部件调整实训验收表

班级：＿＿＿＿　　姓名：＿＿＿＿　　学号：＿＿＿＿　　日期：＿＿＿＿			
序号	实训项点	分值	扣分	得分
1	口呼切除对应单元主风缸前端 F8 与 F9 截断塞门（5分），打开主风缸排污阀，将主风缸内压缩空气排尽（11分）	16		
2	口呼使用斜口钳剪断通气管处扎带（5分），并用活动扳手拧松铜管接头（11分）	16		
3	口呼使用棘轮扳手拧松干燥装置 6 颗 M12 固定螺母（平垫、弹垫及螺母妥善保管，需再次使用）（5分），拆卸后更换油水分离器滤芯（注意在重新安装滤芯时，O 形密封圈需涂抹润滑脂）（11分）	16		
4	口呼按照拆卸的逆顺序（5分），进行恢复，靠车体内侧为水滤，靠车体外侧为油滤（主体是金属网状结构）（11分）	16		
5	口呼滤芯更换完成之后（5分），先恢复总风缸排污阀再恢复相关 F8、F9 截断塞门（13分）	18		
6	口呼"恢复完成"之后（5分），升弓、空压机打风，在车下耳听确认干燥装置处无漏风（13分）	18		
8	用时在 15 min 之内不扣分，每超过 1 min 扣 2 分	0		
合计		100		

六、思考题

1. 风源系统有哪些生产厂家？
2. 风源系统是如何过滤外部空气杂质的？

参考文献

[1] 成都地铁运营有限公司. 车辆检修工[M]. 成都：西南交通大学出版社，2017.

[2] 邱志华，彭建武. 城市轨道交通车辆构造[M]. 北京：人民交通出版社，2016.

[3] 刘柱军，佟关林. 城市轨道交通车辆制动系统[M]. 北京：人民交通出版社，2017.

[4] 赵丽，张庆玲. 城市轨道交通车辆电气控制[M]. 北京：电子工业出版社，2016.

[5] 兰清群，颜争. 轨道交通车辆综合实训指导书[M]. 合肥：中国科学技术大学出版社，2016.